伍什反诈

刁玉锋 编著

济南出版社

图书在版编目（CIP）数据

伍什反诈 / 刁玉锋编著 . -- 济南：济南出版社，
2025. 1. -- ISBN 978-7-5488-7112-5

Ⅰ . D924.33

中国国家版本馆 CIP 数据核字第 2025V9N329 号

伍什反诈

WUSHI FANZHA

刁玉锋　编著

出 版 人　谢金岭
责任编辑　朱　琦
责任校对　于　畅
装帧设计　胡大伟

出版发行　济南出版社
地　　址　山东省济南市二环南路 1 号（250002）
总 编 室　0531-86131715
印　　刷　山东岚葳印刷有限公司
版　　次　2025 年 2 月第 1 版
印　　次　2025 年 2 月第 1 次印刷
开　　本　170mm×240mm　16 开
印　　张　12.5
字　　数　165 千字
书　　号　ISBN 978-7-5488-7112-5
定　　价　60.00 元

如有印装质量问题 请与出版社出版部联系调换
电话：0531-86131736

2021年4月，习近平总书记对打击治理电信网络诈骗犯罪工作作出重要指示：

要坚持以人民为中心，统筹发展和安全，强化系统观念、法治思维，注重源头治理、综合治理，坚持齐抓共管、群防群治，全面落实打防管控各项措施和金融、通信、互联网等行业监管主体责任，加强法律制度建设，加强社会宣传教育防范，推进国际执法合作，坚决遏制此类犯罪多发高发态势，为建设更高水平的平安中国、法治中国作出新的更大的贡献。

目　录

常用资料汇编

"伍什反诈" 工作法

电信网络诈骗作为一种非接触性、智能化、网络化程度较高的新型犯罪形式，已经成为当前数量多发、危害严重、人民群众反映强烈的刑事犯罪行为。

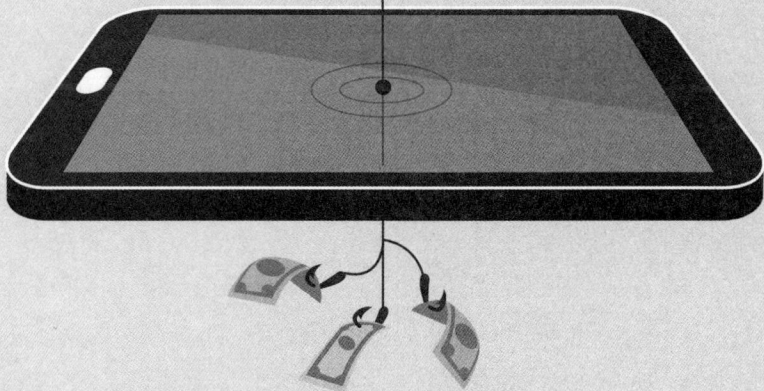

第一节 "伍什反诈"工作法的创立

时代是思想之母,实践是理论之源。

(一)防范电信网络诈骗犯罪的形势依然严峻复杂

电信网络诈骗作为一种非接触性、智能化、网络化程度较高的新型犯罪形式,已经成为当前数量多发、危害严重、人民群众反映强烈的刑事犯罪行为。近年来,尽管以电信网络诈骗为代表的新型网络犯罪案件的数量在严打高压态势下出现下降趋势,人民群众防诈意识在反诈宣传下不断增强,但此类案件发案数量仍在高位运行,当前和今后一段时期内,防范电信网络诈骗犯罪的形势依然严峻复杂。

目前,公安机关发现的电信网络诈骗类型已经超过50种,其中网络刷单返利、虚假投资理财、虚假网络贷款、冒充客服、冒充公检法是5种主要的诈骗类型。2020年以来,先通过刷单返利骗取群众信任,后引流至虚假投资平台实施诈骗的案件高发多发,发案数量和损失金额均在全部案件的30%以上。从通信网络通道看,利用虚假App实施诈骗已占全部案件的60%;从资金通道看,传统的第三方支付、对公账户洗钱占比已减少,而利用"跑分"平台加数字货币尤其是USDT(泰达币)洗钱占比上升。据不完全统计,2020年,全国电信网络诈骗致财产损失353.7亿元。

电信网络诈骗犯罪分子利用新型电信网络技术手段和科技发展的便利实施诈骗,对人民群众的防范要求越来越高。比如诈骗集团利用区块链、虚拟货币、AI、GOIP（虚拟拨号设备）、远程操控、共享屏幕等新技术新业态，不断更新升级犯罪工具，利用虚假 App、秒拨、VPN（虚拟专用网络）、云语音呼叫以及国外运营商的电话卡、短信平台、通信线路等，钻管理上的漏洞，通过非法获取个人信息、网络黑灰产业交易等实施精准诈骗，组织化、链条化运作，跨区域跨境实施，严重危害人民群众获得感、幸福感、安全感。

电信网络诈骗犯罪分子的诈骗手段、诈骗套路不断翻新升级，防范难度越来越大。诈骗形式伪装性欺骗性强，从传统的电话"重金求子""冒充公检法""安全账户"发展到"虚假网站""网络刷单""网购退款""投资理财""虚拟定位""网络购物""直播带货""网络交友"等多种形式。电信网络诈骗犯罪分子充分抓住部分群众贪小便宜的心理，处处迎合群众需求和避害心理，巧立名目，利用流程化、剧本化语言，以假乱真的信息，快速攻破群众的戒备心态，"洗脑"成功后快速抛出"诱饵"，逐步诱使被害人进行转账或泄露银行账户密码、验证码，当被害人发现落入精心设计的骗局后往往为时已晚，成了"待宰羔羊"。

电信网络诈骗犯罪源头隐蔽，打击难度巨大。电信网络诈骗犯罪分子为逃避侦查打击，大多选择跨区域作案，很多幕后黑手隐藏国外遥控指挥。据统计，约 60% 的案件系犯罪分子在国外实施诈骗，以部分东南亚国家为窝点从事"刷单""网贷""杀猪盘"类诈骗犯罪。同时，随着电信网络诈骗犯罪日益呈职业化、专业化特点，逐渐衍生以其为中心、涉及多种违法犯罪的黑灰产业链条。比如，部分群众受不法分子利诱和指使，开具各类实名卡、U盾、电话卡，非法出租出售至诈骗犯罪团伙手中。还有部分诈骗团伙通过网上购买 GOIP、多卡宝等设备，在境内利用住宅、私家车架设，为境外电信网络诈骗团伙提供通信转接条件。

面对严峻复杂的电信网络诈骗形势，我们急需找到克敌制胜的方法，"伍什反诈"工作法，就在这种形势下应运而生。

（二）防范电信网络诈骗犯罪工作开展得如火如荼

电信网络诈骗犯罪对人民群众、对社会的危害是显而易见的。试想一下，诈骗分子利用一个电话、一条信息、一个平台、一个链接、一个 App 等，就能瞬间"诈光"人民群众辛辛苦苦挣来的血汗钱，被骗金额动辄几万，甚至几十万、上百万。多少人因此血本无归，乃至倾家荡产，多少企业被骗后停工停产，又有多少个家庭因此受到影响。人民群众遭受重大财产损失，对国家政治安全造成的危害是巨大的，电信网络诈骗当除之而后快。

在党中央的高度重视下，在相关部门的大力治理下，电信网络诈骗案件数量快速上升的势头得到了有效的遏制。

从国家层面，公安部依托国务院部际联席会议机制，实行涉诈重点地区约谈警示、红黄牌警告和挂牌整治制度，压紧压实地方党委政府的主体责任，推动把管控治理工作纳入平安建设重要内容；会同国家移民管理局严格落实出境管控措施，严密证件签发管理，加强重点口岸拦查劝阻，有效切断边境偷渡通道，阻止了大批涉诈人员企图出境从事违法犯罪活动或逃脱国内电信网络诈骗责任。

从行业治理层面，通过行业治理合力挤压犯罪空间。工信部组织三大运营商实施"断卡行动"。人民银行深入开展"资金链"治理工作。中央网信办会同公安部、工信部集中整治互联网行业涉诈突出问题，有效堵塞了一些监管方面的漏洞。

地方协同治理也日见成效。全民反诈氛围热烈，发动群众势能逐步显现。比如：国家反诈中心 App 的安装、反诈宣传视频、反诈宣传贴……方法可谓式样众多，宣传可谓铺天盖地。

从国家到地方，对防范电信网络诈骗不可谓不重视，在防范电信网络诈骗方面可以说是投入了大量的人力、物力、财力、精力，各类反电信网络诈骗活动也开展得轰轰烈烈，有声有色。正是在全国上下，万众一心，反电信网络诈骗的浪潮一浪高过一浪的大好形势下，催生了"伍什反诈"工作法的创立。

（三）防范电信网络诈骗犯罪的工作还存在许多问题

全国各省（自治区、直辖市）、市、县、乡镇（街道）在反电信网络诈骗方面所做的工作大同小异，应该说各地在反诈方面确实做了大量的工作，能想的办法都想了，能用的方法都用了，成绩值得肯定。但是，反过来想一想，既然工作做了如此之多，方法如此之多，受众如此之多，人力、物力、财力、时间也用了如此之多，电信网络诈骗分子应该无从下手了吧？应该不会有多少人上当受骗了吧？然而事实并非如此，还是有很多的群众接二连三地被电信网络诈骗分子"割了韭菜"，电信网络诈骗案件依然频发。日子久了，各级防范电信网络诈骗的工作开始时的那股热情和干劲可能渐渐消退，反诈工作往往事倍功半。当面对反电信网络诈骗工作不尽如人意的情况时，我们有个别同志这样说：我们想了很多办法，做了很多的宣传工作，但就是有人相信骗子，我们也不能保证每一个人都不被骗。我认为这些想法、说法、做法，一是反映出我们的同志，对电信网络诈骗难防范的无奈；二是反映出我们的个别同志对工作、对人民群众的责任感不足，甘于认输；三是没有换位思考，没有把群众当亲人，把民事当家事，没有想群众之所想，急群众之所急；四是缺乏迎难而上，攻坚克难的勇气和信心。无可奈何、冷眼旁观、事不关己、漠然视之的思想和表现是要不得的。在防范电信网络诈骗工作中，任何一点不负责任的言行，都可能导致人民群众财产遭受损失，使人民群众对整个社会的安全感，对各级党委、政府及公安机关的信任感、满意度大打折扣。

反思目前全国各地所做的防范电信网络诈骗工作，之所以没有真正有效地防范住频繁发生的电信网络诈骗犯罪，没有达到人民群众满意的效果，主要原因是没有真正研究出切实管用的防范电信网络诈骗的机制和方法。

我们想一想，为什么电信网络诈骗犯罪分子，能够利用各种套路手段，编造各种虚假信息骗走人民群众的钱财，使无数人中了犯罪分子设计的圈套？那是因为犯罪分子充分了解了人性的弱点，抓住了被害人心理特征及性格弱点，才能够顺利实施诈骗，而且屡屡得逞。一些诈骗集团紧跟社会热点，针对不同群体量身定制诈骗"剧本"，通过精准诈骗提高其诈骗的成功率。犯罪分子巧立名目迎合人们的趋利避害心理，犯罪手段经过层层包装，让被害人心甘情愿地拿出自己的钱财，落入犯罪分子精心设计的骗局中。

既然电信网络诈骗犯罪分子能够盯上容易被诈骗的人，利用易被骗人员的各种条件实施诈骗，我们为什么不能想个办法劝阻住容易上当受骗的人，筑牢防范人民群众上当受骗的铜墙铁壁，让电信网络诈骗犯罪分子无机可乘呢？只有找准容易上当的人，真正劝阻住那些容易上当受骗的人，才能从根本上扭转反诈的不利局面；只有真正劝阻住了那些容易上当受骗的人，才能彻底有效地防止和杜绝电信网络诈骗案件的发生。

在防范电信网络诈骗的工作实践中，济南市公安局莱芜区分局民警刁玉锋，牢固树立以人民为中心的发展思想，坚持把人民的利益视为最高利益，始终把保护人民的生命财产安全放在第一位，坚持从群众中来，到群众中去的思想，带着"怎样找准容易上当的人""怎样劝阻住容易上当受骗的人""怎样才能做到电信网络诈骗案件的可防可控"等问题，深入社区、村居、企事业单位走访座谈，广泛开展调查研究，勤于思考，守正创新，大胆实验，善于总结，经过长时间不断的反复研究实践，已经初步找到了破解基层单位防范杜绝电信网络诈骗案件发生的有效方法，那就是——"伍什反诈"（亦可称"武神反诈"）工作法。

　　"伍什反诈"工作法，是对新时代防范电信网络诈骗工作中，干部群众发明创造的行之有效的零散的、点状的、碎片化的理论、观点、方法的高度凝练、概括和总结；是实现基层党组织、党员干部与人民群众肩并肩防范电信网络诈骗、点对点攻坚克难的有效途径；是把电信网络诈骗的重点防范工作，做到心中有数可防可控，实现精准反诈的有效方法。

　　"伍什反诈"，天下无诈！

第二节 "伍什反诈"的概念

"伍什"是中国古代户籍与军队的基础编制。起源于西周，产生于春秋，形成于战国，确立于秦。五家为伍，十家为什，伍有伍长，什有什长，伍长什长负责闾里治安，一旦发现形迹可疑者要及时上报，使"奔亡者无所匿，迁徙者无所容"（《管子·禁藏》）。从我国古代户籍与军队编制管理体制来看，最有效的基础管理单位为五人为伍，十人为什；从现代管理学角度看，理想的管理基础单位为 3—6 人、5—10 人或 8—15 人。

（一）什么是"伍什反诈"

"伍什反诈"借鉴中国古代户籍、军队伍什制管理及现代管理学经验，结合现代反诈工作实际，在"伍什反诈"领导组的领导下，在"伍什反诈"指导调度攻坚组的组织指导下，对辖区人员是否容易上当受骗进行风险评估后，由"伍什反诈"综合评估组按照"人员易被诈骗风险评估标准"，对初测初评人员进行易被诈骗风险综合评估并划分出红色高风险、黄色中风险、蓝色低风险三个风险人群等级，本着"利于开展，便于接受"的原则，以家庭成员、近亲属、家族成员、同学、战友、朋友、同事、近邻等由近及远的关系网为纽带，以村居、社区、小区、企事业单位等居住地、工作地、暂住地为依托，按照易被诈骗红色高风险 5—10 人编为一组、易被诈骗黄色中风险 10—50 人编为一组、易被诈骗蓝色低风险 100—300 人编为一组的要求，分别编为不同易被诈骗风险级别的若干"伍什反诈"易被诈骗风险防范实操小组，并在此基础上，每 5—10 个"伍什反诈"易被诈骗风险防范实操组，组成一个"伍什反诈"易被诈骗风险管理反馈组，每个开展"伍什反诈"工作的村居、社区、小区、企事业单位等，组建一个"伍什反诈"易被诈骗风险问题汇总组。紧紧依靠党委、政府，相信群众、发动群众、依靠群众，紧紧围绕"盯人、查题、破点"的主题开展工作，认真落实岗位责任制，采取"提醒、监督、纠察"等措施，经过"一段时间"的"伍什反诈"工作，实现构建"伍什反诈"防范网络，形成"伍什反诈"长效机制，增强人民群众反电信网络诈骗的意识和能力，筑牢"伍什反诈"防火墙，实现让电信网络诈骗真正可防可控的目标。

（二）关于"人员易被诈骗风险评估标准"

人员易被诈骗风险评估标准，没有绝对的一成不变的风险评估标准，它是一个相对的与时俱进的时代标准，是带有普遍性、时代性的人员易被诈骗风险评估标准。这个风险评估标准的确立主要取决于三个方面：一是取决于犯罪分子实施电信网络诈骗的类型及特点；二是取决于电信网络诈骗被害人的心理、性格、职业、行为习惯等因素；三是取决于电信网络诈骗犯罪存在的社会经济生活大环境背景等因素。（关于这个问题，在后边"伍什反诈"易被诈骗风险评估的依据和条件中有详细介绍。）

（三）关于"利于开展，便于接受"的原则

"利于开展，便于接受"，就是以家庭成员、近亲属、家族成员、同学、战友、朋友、同事、近邻等由近及远的关系网为纽带，以村居、社区、小区、企事业单位等居住地、工作地、暂住地为依托，充分利用亲情、爱情、友情这三张王牌在人际关系交往中不可替代的纽带作用，充分发挥"伍什反诈"各工作组组长人熟、地熟、情况熟的特殊优势，充分发挥"伍什反诈"工作机制的强大功能，打好防范电信网络诈骗的阵地阻击战、主动仗。

（四）关于"盯人、查题、破点"的主题

所谓"盯人"，就是紧盯电信网络诈骗犯罪分子，了解电信网络诈骗犯罪分子所思所想，了解电信网络诈骗犯罪分子都针对什么样的人实施诈骗，他们为什么会针对这些人实施诈骗；紧盯电信网络诈骗犯罪的被害人，了解被害人被诈骗时的主客观表现，研究分析易被诈骗人的心理、性格、职业、文化、环境、家庭、社会生活背景、各种思想行为习惯等因素对防范电信网络诈骗的直接作用，了解掌握他们易被电信网络诈骗犯罪分子诈骗成功的原因；紧盯"伍什反诈"工作中各个易被诈骗风险组的人员，依据易被诈骗风险评估结果及划分等级分组的情况，采取认领承包责任制，认真履行职责，严格按照工作流程，落实各项防范措施，对各组人员看牢盯死。

所谓"查题"，就是与时俱进地结合当前电信网络诈骗案件的发案情况，及时跟进研究当前电信网络诈骗的类型及特点，找出破解新型电信网络诈骗的方法招数；研究"伍什反诈"各类风险组人员的特点，及时发现存在的问题，有针对性地做好电信网络诈骗防范工作；针对电信网络诈骗预警需劝阻的人员查找根源，找出病根，因人施方，药到病除。

所谓"破点"，就是破解"伍什反诈"工作中精准评估易被诈骗风险时遇到的问题，诸如精准评估要做到横向到边、纵向到底、不落一人等；破解"伍什反诈"工作人员与易被诈骗人员共同防范电信网络诈骗的过程中，诸如各级组长不认真履行职责，使"伍什反诈"走过场，而导致一边防范一边出案件等问题；破解如何让基层派出所防范电信网络诈骗工作更具可操作性、实用性、实效性等问题。

（五）关于"提醒、监督、纠察"的措施

在"伍什反诈"的全过程中，要将"提醒、监督、纠察"这一措施贯彻始终，它是保证"伍什反诈"效果落实的重要手段。主要体现在四个方面：

一是指"伍什反诈"各级组织的上级对下级，针对"伍什反诈"中存在和出现的问题，要履行"提醒、监督、纠察"的责任（关于这方面的工作要求，在后面的论述中具体说明）。

二是指"伍什反诈"各级组织的同级相互之间，针对"伍什反诈"中存在和出现的问题，要履行"提醒、监督、纠察"的责任（关于这方面的工作要求，在后面的论述中具体说明）。

三是"伍什反诈"各类风险防范实操组组长，尽好防止组员上当受骗的"提醒、监督、纠察"的责任。主要是认真做好"三问三看、两提醒、一汇报"以及随机对组员的易被诈骗风险评估工作。（关于这个方面的工作要求，在后面的论述中具体说明。）

四是指在"伍什反诈"的全过程中，要发动"伍什反诈"风险防范实操组每个组员的家庭成员、近亲属、家族成员、同学、战友、朋友、同事、近邻等，在防止家庭成员、近亲属、家族成员、同学、战友、朋友、同事、近邻上当受骗方面，要尽到"提醒、监督、纠察"的义务。

（六）关于"伍什反诈"工作的"一段时间"

"伍什反诈"工作的"一段时间"，指的是"伍什反诈"工作展开至结束的跨度时间。"伍什反诈"工作开展的跨度时间，没有特别的规定，时间过短，看不出"伍什反诈"的效果，时间过长，就容易造成"伍什反诈"人力、物力、财力和时间的浪费。那么"伍什反诈"开展多长时间比较好呢？经过实践总结，"伍什反诈"工作时间跨度，主要是看"伍什反诈"的工作开展后在一段时间内的发案情况与开展前同等时间的发案情况相比较之后的效果，以及群众对"伍什反诈"工作开展情况的反馈情况加以确定。经过我们试点研究，我们建议开展"伍什反诈"的跨度时长，一般设定为半年。电信网络诈骗案件发案状况严重突出、人员易被诈骗红色高风险人员较多，人员易被诈骗风险出现较大反复的区域及人群，可适当延长，甚至可延长至一年。对于开展

"伍什反诈"工作需时间跨度半年以上的区域、单位及人群,要根据实际需要,增加对人员易被诈骗风险评估及划分等级的次数,及时调整各风险组人员,及时调整工作重点,把"伍什反诈"工作落到实处。

我们以每期开展"伍什反诈"的期限设定为半年为例,做进一步阐述。如果把这个时间段按照从"伍什反诈"工作开始实施至"伍什反诈"工作检查验收来计算,那么时间正好是六个月。这六个月可分为三个时间段:"伍什反诈"工作开展的早期阶段,也就是实施"伍什反诈"工作的前两个月;"伍什反诈"工作开展的中期阶段,也就是实施"伍什反诈"工作的第三、第四个月;"伍什反诈"工作开展的后期阶段,也就是实施"伍什反诈"工作的第五、第六个月。

这里我们还要着重强调的是,在实际的"伍什反诈"的工作中,还有另外两个不可忽视的时段,那就是"伍什反诈"开展前各项工作的准备阶段和检查验收后为防止电信网络诈骗案件反复而继续防范的巩固成果阶段。由此,我们判定,虽然设定的"伍什反诈"工作的时间为半年,而实际上,"伍什反诈"的时间跨度是多于半年的。

我们先谈一谈"伍什反诈"开展前各项工作的准备阶段。"伍什反诈"开展前的准备阶段的主要工作有四项,包括测评电信网络诈骗被害人,确定易被诈骗高风险下限分值标准;统计分析,确定评估范围;初测初评、综合评估确定易被诈骗风险等级;分类编组,确定组长,组织培训。这四项工作是"伍什反诈"工作开展能够取得理想效果非常重要的前提,这四项工作缺一不可,都对"伍什反诈"工作的实施有着十分重要的作用。大家知道"万事开头难",只有把这个头开好了,准备工作做充分了,才能顺利开展"伍什反诈"。因此,准备阶段也需要一定的时间才能完成各项准备工作,但这个阶段需要的时间要适宜。过短容易使准备工作不充分,过长又容易淡化工作热情,消磨工作意志。经过我们试点实践,一般这个准备期的时长应不超过一个月。准备阶段包括的四项具体工作各自的时长划分在此不做明确规定,

"伍什反诈"指导调度攻坚组可根据工作进展情况灵活把握。

下面我们再谈一谈"伍什反诈"工作检查验收后为防止电信网络诈骗案件反复而继续防范的巩固成果阶段。"伍什反诈"工作检查验收后并不意味着"伍什反诈"工作的彻底结束,"伍什反诈"工作是一项长期的复杂而艰巨的工程,如果我们不能一以贯之地坚持反诈,那么电信网络诈骗分子早晚会卷土重来。作为社区、村居、企事业单位、居民小区,对待反诈工作应注重克服刀枪入库、马放南山的思想情绪,按照"伍什反诈"工作指导调度攻坚组的要求,继续开展电信网络诈骗的宣传、了解摸排等工作,组织进行常态化"伍什反诈"防范工作,以防止电信网络诈骗案件发生。因此,这个巩固期的期限是不能划定时间限制的。

"伍什反诈"就是在防范电信网络诈骗的工作上,既要做亡羊补牢、见兔顾犬的工作,更要做未雨绸缪、防患于未然的工作。消未起之患、"未病先防"、医之于无事之前。

"伍什反诈"的核心要义用十二个字来表述就是:风险评估、划分等级、分类(分组)管理。

第三节 "伍什反诈"易被诈骗风险评估的依据和条件

在长期的反电信网络诈骗的工作实践中，一直困扰着我们的主要问题是，我们在防范电信网络诈骗方面做了大量的工作，为什么就是做不到电信网络诈骗案件的完全彻底的可防可控呢？即便是防范电信网络诈骗工作做得比较好的地区，也只是某一个时期的发案率有所下降。普遍存在的问题是对电信网络诈骗犯罪案件发案的可防可控性心中无数，盲目性太强，头痛医头，脚疼医脚的现象严重，甚至出现这边防范，那边发案，一边防范一边发案的现象。一旦电信网络诈骗分子改变诈骗策略，更新诈骗套路和手段，我们就像被骗子牵着鼻子到处转一样，东一榔头西一棒槌地疲于应付，好像永远都跟不上骗子的节奏，不知道什么时候发案、什么人会上当受骗、什么地方会发案。电信网络诈骗犯罪分子在暗，我在明，做不到先机而动，未雨绸缪，始终做不到对电信网络诈骗防范工作的心中有数，始终无法做到对电信网络诈骗案件完全彻底的可防可控。究其原因，其问题的关键是，在防范的过程中，没有做到精准防范。

既然我们摸不准电信网络诈骗分子什么时候诈骗，采取什么手段实施诈骗，对什么人实施诈骗，我们为什么不在容易上当受骗的人身上做文章呢？换而言之，如果我们管住了容易上当受骗的人员，做到对人员易被诈骗风险进行精准评估，精确找准易被骗人群和人员，就可以做到有的放矢，重点防范，精准施策，就能知道劲往哪里使，力往哪里用，彻底完全地做到对电信网络诈骗的可防可控。比如说，这里有一大堆沙子，要想把大小不同的沙子分离开，光用手捡，不但耗时，而且费力。如果我们用一个筛子把沙子筛一下，大小沙子就能一分为二，一目了然了，不仅快准，而且省时省力。那么，易被诈骗风险评估的依据和条件是什么呢？

（一）"伍什反诈"易被诈骗风险评估的依据

我们在开展"伍什反诈"的工作实践中，把易被诈骗风险评估的依据归纳为三条：犯罪分子实施电信网络诈骗的类型及特点；电信网络诈骗被害人的心理、性格、文化、职业、思想和行为习惯等主观因素；电信网络诈骗犯罪的社会经济生活背景等客观因素。

依据之一：犯罪分子实施电信网络诈骗的类型及特点。

美国犯罪学学者拉里·J.西格尔（Larry J.Siegel）在其著作《犯罪学》中曾这样表述：违法犯罪行为是发生在一个人考虑了个人因素（如金钱的需求、仇恨、刺激、娱乐等）和情境因素（如目标物受到如何的保护及当地警方的效率）后，所做出的选择冒险的决定，亦即从事某一特定形态犯罪的决定，并且这一决定是在衡量各种讯息之后所做出的。比如电信网络诈骗犯罪，有一部分原因是存在一定数量的无业人员且在高报酬、低风险的诱惑下愿意成为犯罪者（有动机及能力的加害者），进行电信网络诈骗行为。比如有些电信网络诈骗的集团头目和骨干往往躲在境外，打着高薪招聘的幌子，诱骗招募涉世未深的年轻人赴境外从事诈骗活动。另外，电信网络诈骗犯罪分子采用怎样的诈骗手段实施诈骗，也是经由犯罪者的思考、选择、决定等一系列过程，才着手实施该犯罪行为。

那么，电信网络诈骗犯罪的类型和特点都有哪些呢？

下面就几种常见多发的电信网络诈骗的类型及特点加以分析说明。

1.刷单返利诈骗。犯罪嫌疑人通过网页、招聘平台、QQ、微信、短信、抖音等短视频平台、社交软件等渠道推广兼职广告，打着"足不出户、高额佣金"

的旗号，或以色情内容和免费礼物、小额返利为诱饵，以开网店需快速刷新交易量、网上好评、信誉度等为由，招募"刷单客""点赞员""推销员"等人员进行网络兼职刷单。犯罪嫌疑人利用话术诱骗被害人，在其提供的链接或者 App 上进行购物付款操作，被害人领取"新手任务"，"任务"主要是提高平台商家、网店的交易量、信誉度，关注相关公众号、账号，为短视频点赞评论刷粉丝等。被害人完成"新手任务"后，诈骗分子会快速支付所承诺的交易后的小额佣金，返还购物费用，并额外提成。一般在刷单过程中，被害人刷第一单时，犯罪嫌疑人会小额返利让被害人尝到甜头，以"充值越多、抢单越多、返利越多"为诱饵，骗取被害人在刷单 App 中的垫资充值，实际上是将被害人的资金转入其提供的银行账户，而被害人的 App 账户中显示的金额仅仅是虚拟数字。当被害人刷单交易额变大后想要提现时，嫌疑人就会以"任务未完成"、"卡单"、操作异常、账户被冻结等各种理由拒不返款并将其拉黑。

2. 虚假贷款诈骗。犯罪嫌疑人一般通过网络媒体、电话、短信、社交工具等方式发布办理贷款的广告信息，后冒充银行、贷款公司工作人员联系被害人，让被害人添加所谓"贷款客服"QQ、微信等社交账号，给被害人推送虚假贷款 App、虚假贷款网址链接，被害人在虚假贷款平台填写个人信息后，平台显示审核通过了，但是始终无法提现或显示贷款失败。"贷款客服"会告诉被害人，其银行卡出现错误被冻结，以收取手续费或交纳年息、保证金、税款、代办费等为由，或者以检验还贷能力、刷流水、调整利率、降息、提高信誉等方式，或向被害人发送虚假的文书，恐吓被害人按照相关流程办理下去，诱骗被害人转账汇款。还有的犯罪嫌疑人通过上述方式，以骗取被害人的银行账户和密码等信息直接转账、消费为目的，实施诈骗。

3. 冒充电商诈骗。犯罪嫌疑人冒充电商平台客服（淘宝、天猫、京东、小红书、拼多多、闲鱼等）或者物流快递企业客服，谎称被害人网购的物品出现问题，以可给予被害人退款、理赔、退税等为由，诱导被害人泄露银行卡和手机验证码等信息，将被害人银行卡内钱款转走；或者谎称因商品质量出现问题导致交易异常，将冻结被害人账户资金，让被害人将资金转入指定的"安全账户"实施诈骗；或以误将被害人升级为会员、误将被害人授权为代理、误给被害人办理了商品分期业务等，如不取消上述业务将扣费为由，诱导被害人转款，实施诈骗；或以被害人会员积分、芝麻信用积分不足不能退款为由，让被害人为提高积分进行贷款，并指引被害人将贷款向指定账户汇款实施诈骗。

4. 虚假购物诈骗。犯罪嫌疑人通过网络社交工具（微信朋友圈等）、网页、搜索引擎、短信、电话等渠道发布商品广告信息，通常以熟人厂家直供、内部人员折扣、优惠打折、海外代购、低价转让、0元购物等方式为诱饵，诱导被害人与假装卖家的犯罪嫌疑人联系购买商品，犯罪嫌疑人承诺先付款后发货，同时以收取定金优先发货、收到费用和手续费为由，一步步诱骗被害人转账，待被害人为购物付款后，就将被害人拉黑或者失联，被害人也未收到约定的商品、货物。或以加缴关税或缴纳定金、交易税、手续费等为由，诱骗被害人转账汇款，实施诈骗。

5. 虚假博彩诈骗。犯罪嫌疑人前期通过网络社交工具〔QQ、微信、陌陌、抖音、Soul（一款社交App）等〕向被害人（以与被害人交友、确定男女朋友关系、婚恋等理由）发送博彩网站、App，谎称博彩网站系统存在漏洞、认识黑客、有内幕消息、有专业导师团队等，在这个网站、App投注，只赢不输，然后诱导被害人在博彩的网站、App进行投注，一般通过先让被害人少量获利的方式，在进一步取得信任后，继续诱导被害人加大投注金额。最后，被害人发现网站、App账户里的资金无法提现，或在投注过程中，全部输掉。再与对方交涉时，发现对方将自己拉黑或者失联。

6. 冒充司法机关诈骗。犯罪嫌疑人以被害人名下的银行卡透支，电话欠费，社保卡、医保卡等具有消费功能的工具被冒用等涉嫌案件为由，或以被害人身份信息泄露，涉嫌洗钱、贩毒等犯罪为由，冒充公检法等司法机关执法人员，要求被害人将资金转入"国家账户"配合调查（部分案件中，犯罪嫌疑人还会向被害人展示假公检法网站上发布的假通缉令等法律手续，来骗取被害人的信任），骗被害人填写银行卡号、密码、验证码等，将被害人卡上的资金全部转至犯罪嫌疑人所谓的"安全账户"。

7. 冒充熟人诈骗。犯罪嫌疑人通过电话、短信、网络社交工具（QQ、微信、微博等）等方式，冒充被害人亲戚、子女、好友、同事、领导、学校校长、教务主任、培训班老师等，以人在国外代买机票、交学费、给教授送礼、违法被公安机关处理需要保释金、遇交通事故需救治或赔偿、处理关系不方便直接出面、病重需手术等急危情况、报名培训班需交纳学费等事由，诱骗被害人转账实施诈骗。

8. 交易游戏产品诈骗。犯罪嫌疑人在社交平台推广充值游戏币、游戏点卡优惠或优惠购买的广告，诱导被害人先付款，制作虚假的各种游戏界面和充值界面截图，发送截图给被害人获取信任，对其实施诈骗。犯罪嫌疑人发布买卖游戏装备、游戏账号的广告信息，诱导被害人在架设的虚假游戏交易平台进行交易。部分案件中，犯罪嫌疑人让被害人提供游戏账号和密码、登录服务器区域、登录的手机系统，最后通过登录被害人游戏账号，冒充该被害人诈骗其游戏内其他好友。

9. 网络交友诈骗。犯罪嫌疑人利用网络社交工具，与被害人交流，通常以有项目可以投资赚钱（工程项目、影视娱乐等），或者与被害人交谈共同的兴趣爱好，培养感情，获取信任，后以生活困难、病重求医等为由，诱骗被害人转账实施诈骗。犯罪嫌疑人通过网络社交工具，与被害人发展恋爱关系、婚姻关系等方式，以虚构各种生活困难、购买礼物等为由诱导被害人转钱实施诈骗。

10. 虚假征信诈骗。犯罪嫌疑人冒充银行、网贷、互联网金融平台（蚂蚁金服、360借条、京东金融等）工作人员，称被害人的信用卡、花呗、借呗等信用支付类工具，有不良记录，需要消除，不消除会影响个人征信；称被害人之前开通过"校园贷"、助学贷等,按照现在政策属违法违规行为,现在需要消除"校园贷"、助学贷等记录,或者"校园贷"、助学贷等账号异常需要注销,如不注销会影响个人征信,诱骗被害人转账汇款,或让被害人在正规网贷、互联网金融 App 上贷款后,转至其提供的账户上,从而实施诈骗。或者称被害人之前有网贷、分期记录,会对个人征信产生不良影响,以可以帮助注销账号、消除分期记录等为由,诱骗被害人转账汇款,从而实施诈骗。

以上只是介绍了十类比较常见的电信网络诈骗的类型及特点,其他的电信网络诈骗形式还有很多。在当前乃至今后一段时期内,电信网络诈骗的手段还会不断翻新和升级,花样更是层出不穷,犯罪嫌疑人紧跟社会热点,甚至一两个月内就能产生新的骗术。诈骗集团利用科技发展的便利,利用区块链、虚拟货币、AI、GOIP、远程操控、共享屏幕等新技术新业态,精准实施诈骗。利用虚假 App、秒拨、VPN、云语音呼叫以及国外运营商的电话卡、短信平台、通信线路等,不断更新升级犯罪工具,实施诈骗。犯罪分子巧立名目迎合人们的趋利避害心理,犯罪行为经过层层包装,让被害人"心甘情愿"拿出自己的钱财,落入犯罪分子精心设计的骗局中。比如,针对退休老人的各类诈骗。有的犯罪嫌疑人通过不法渠道获取保单信息后,联系老年人,谎称有"特殊渠道"代办保险、代理退保,可以一次性补缴享受养老退休金,或承诺更高收益、诱骗老年人退保,老年人一旦支付大额款项,不法分子便音讯全无、人走楼空。有的贷款"黑中介"声称可办理高额透支信用卡或个人信用贷款,一旦老人与其联系,即以"手续费""中介费""保证金"等虚假理由要求连续转款。有的犯罪嫌疑人还以需要老年人证明自己有还款能力为由,要求先往骗子账户内存钱。有的犯罪嫌疑人打着"以房养老"旗号,诱使老年人抵押房产获得资金,再用所获资金购买所谓"理财产品"并承诺给付高额利息,这往往是"以新还旧"的庞氏骗局。有的犯罪嫌疑人打着"国家扶持""政策补贴"等旗号,以"低风险、高回报"为噱头诱骗老年人投资,往往老年人追加投资后,不法分子便消失不见。有的犯罪嫌疑人用"限量发行""高额回报""绝世珍藏"等宣传语，吸引老年人投资"收藏品"，声称"藏品回购、短时间内升值、帮助出售、收益翻番"，并索要"展览费""评估费""公证费"等相关费用。有的犯罪嫌疑人冒充医学专家，称老年人可"免费用药"，博取老年人信任。受骗的老年人往往抱着"试试看"的心态，一步步陷入犯罪分子精心设计的骗局中，最终蒙受损失。其他如针对家庭妇女的进修培训诈骗、微商传销诈骗、孩子出事诈骗；针对大学生的教育补贴诈骗；针对公司白领的 QQ 诈骗、机票诈骗、金融交易诈骗；冒充领导诈骗、冒充消防人员诈骗等，在这里就不一一列举了。

综上所述，我们就可以得出这样一个结论，只要弄清楚了电信网络诈骗的类型及特点，就知道了电信网络诈骗分子的所思所想；就知道了电信网络诈骗犯罪分子是如何选择实施诈骗的目标；就知道了电信网络诈骗犯罪分子是如何确保其实施诈骗的对象，能够按照其设置的剧本、套路，最终被诈骗的；就找到了电信网络诈骗犯罪分子实施诈骗所针对的人员、人群；就知道了犯罪分子为什么针对这些人员、人群实施诈骗。就可以找到应对电信网络诈骗分子实施诈骗的妙计良方。这是我们对易被诈骗风险评估的第一个依据，也是我们准确制订易被诈骗人员风险评估条件的重要前提。

依据之二：电信网络诈骗被害人的心理、性格、文化、职业、家庭、思想和行为习惯等主观因素。

了解了电信网络诈骗分子的思想动机后，就弄清楚了电信网络诈骗分子盯上的被害人是什么样的人。因为这些被害人会自觉或不自觉地配合电信网络诈骗分子一步一步地完成诈骗过程，让电信网络诈骗分子预先编好的剧本得以完成。这就要求我们弄清楚那些容易被诈骗的人的心理、性格、文化、职业、家庭、思想和行为习惯等。换句话说，就是弄清楚易被电信网络诈骗的人都有哪些特征，什么样的人才容易被电信网络诈骗。

下面我从不同角度列举以下十四种人加以说明。

1. 有贪念的人。大部分的电信网络诈骗案件，就是骗子利用了人的贪念才得以实施成功的。施以小利，诱骗上钩，放小抓大，最后拉黑走人。更深入一些就是加入一些"爱情"的元素，网上交男女朋友之后，逐步诱骗其进行赌博、投资，最后骗光被害人所有钱财，甚至使被害人欠下一身债务。目前最高发的贷款诈骗也一样，号称无抵押、低息、快速放款，"贷款者"会觉得仿佛天上掉馅饼一样，逐步按照对方所说的去操作，最终被骗。

2. 涉世不深的人。此类人可能还在学校或者刚走入社会，还不能分辨复杂社会的真真假假，虚虚实实。有时一通电话就能逼得他们千方百计来证明自己清白，直至钱款被转走。对于这类人，不管是亲戚朋友、教师同学都要对他们进行系统的防骗教育，让他们能够安安心心上学，平平安安步入社会。典型案例有冒充公检法诈骗、注销"校园贷"诈骗、电话冒充熟人诈骗等。

3. 缺乏辨别能力的人。此类以年长者居多，他们经历了人生的风风雨雨，却逐渐与网络信息时代脱节，但还往往听不进其他人劝解，轻易相信其他说客，执意在一些虚假投资平台进行投资（虚假贵金属投资、期货投资、三维码投资、外币投资等），最后血本无归。有些人在购买保健品上执着坚持，甚至儿女都无法劝阻，最后耗尽毕生积蓄。典型案例有投资理财诈骗、保健品诈骗等。

4. 过于自信的人。与我们平时的认识不同，有小聪明的人更容易遭受电信网络诈骗。此类人过于相信自己的判断，不接受任何反诈宣传，甚至有些抵触，认为自己不会被诈骗。此外，一些人喜欢钻空子，喜欢在网上"薅羊毛"，认为足不出户也能赚大钱。这类人是高危被骗群体，骗子有几十种的诈骗手法，就等你的一个不小心了。典型案例：贷款诈骗、刷单诈骗、投资理财诈骗、网络交友诱骗投资、赌博诈骗、购物退款诈骗等。

5. 有容易恐惧心理的人。诈骗分子利用人的恐惧心理实施诈骗的手段由来已久，目前依然不少人被骗。冒充公检法诈骗的骗术，通过一部电话，就能对被害人进行远程控制，使被害人处于紧张、焦虑、恐惧状态。另外还有注销"校园贷"账户诱骗等，骗子通过恐吓被害人，达到诈骗的目的。

6. 做事不谨慎、粗心大意的人。这类人转账汇款不经过任何核实，汇款出去了才猛然醒悟，可为时已晚。在 QQ 上冒充熟人诈骗就是个典型案例，"熟人"的范围很广，包括领导、老师、小孩、朋友等。这类诈骗，骗子最怕你进行核实，会不断催促你，告诉你这个事情很急，要马上办，就等你一个"不谨慎"。

7. 善良单纯的人。他们可能都比较善良，都非常有爱心，也就是认为别人都很好，对任何人都没有防备之心，比较容易听信陌生人的话，也很容易相信别人；另外他们同理心比较强，也就是同情心比较强。因为同情心比较强，所以容易被骗子的话忽悠，会不自觉地被骗子利用，不法分子就会利用这些心理，来骗取别人的同情心，骗取钱财。

8. 性格急躁的人。遇到事情，就会头脑发乱，不会思考。在没有任何事物干扰的情况下，这种人总能保持平和、理性的心理状态，但是遇到骗子设置的问题后，往往乱了心智。你越乱、越想辩、越想争，就更深地落入了骗子的圈套。

9. 过于自负的人。自负的人往往太过于自以为是，太过于自负就有可能成为骗子们看中的对象。因为自负的人容易错误估计自己的能力，而骗子就利用这一点，让他们钻进一个更大的圈套当中，而且太过于自以为是的人可能很多事情还没有考虑清楚，就进入了骗子的圈套。

10. "好面子"的人。被害人出于维护自己的"面子"，特别是遇到以曝光有关个人隐私或向单位报告相威胁，让被害人感到会影响荣誉、前途等，就会轻易被骗。例如裸聊类电信诈骗，就是利用被害人维护"面子"的心理进行威胁从而实施敲诈。

11. 盲目信任别人的人。被害人信任对方的工作地位、性质、职位等，对对方的要求不加辨别，未加核实即按照对方的指示汇款。

12. 暴富欲望强烈的人。主要包括贷款诈骗、投资诈骗、刷单诈骗。被害人有贷款需求，但通过正规途径贷款受阻（比如征信有瑕疵），或者不了解正规途径。被害人急功近利想发财、一夜暴富，被介绍进入犯罪集团组建的炒股票、期货、黄金等违法网站，先期确实能盈利，随着被害人增大本金投入后网站被关闭无法打开。被害人本想通过为网店商家刷单、写好评获取佣金，骗子扮演的商家逐步要求提高刷单数量才返佣金，结果被害人发现本金被套。

13.急切渴望免灾的人。主要包括冒充客服诈骗、涉疫诈骗、冒充公检法诈骗等。犯罪分子搜集到被害人的网上购物信息，冒充客服说快递丢失、退货退款等，诱导被害人点击相关链接或拨打电话。被害人受制于文化、见识不足，期望减少损失等，导致上当。还有犯罪分子冒称公检法诈骗，称被害人涉嫌违法犯罪等，需要将资金转移至"安全账户"自证清白。

14.盲从追逐幸福的人。主要包括赌博诈骗，也被称为"杀猪盘"。被害人基本都是单身或离异，需要爱情和婚姻，渴望幸福。犯罪分子伪装谈恋爱获取被害人信任，然后推荐其到某网站赌博，被害人先期赌博能赢，也能提现，后期必须不断充值，才发现被骗。

以上我们列举的十四种人，并没有完全代表所有被害人的特征。只有充分研究分析电信网络诈骗犯罪被害人的心理、性格、文化、工作、家庭、各种行为习惯等所形成的综合特征，才能做到比电信网络诈骗犯罪分子更早一步采取防范措施，使电信网络诈骗犯罪分子对人民群众无处下手，望洋兴叹。这就是易被诈骗风险评估的第二个依据，也是我们制订易被诈骗风险评估条件的关键依据。

依据之三：电信网络诈骗犯罪的社会生活环境背景等客观因素。这些因素催生电信网络诈骗犯罪活动的形成及变化，助推电信网络诈骗犯罪的实施和蔓延。

一是经济社会发展对人们思想的影响。法国社会学家 E. 涂尔干提出的失范概念指一个社会或群体中相对缺乏规范的状态。在涂尔干看来，社会失范源于集体意识的衰弱。在当前这个急剧大转型的时期，集体意识在逐步消解，个体意识在日益张扬。改革开放以来，我国社会正经历大规模的变革，原有的社会规范已无法抵御市场经济不良影响的侵蚀，节制人性中各种需求和欲望的集体意识的衰落，造成一些人在思想上的贪欲膨胀、生活上追求物质消费攀比，追求享受，他们不劳而获的意识严重，这些对于电信网络诈骗的形成和变化都具有催生作用。同时也使电信网络诈骗犯罪分子实施诈骗目标群体范围越来越广，人员基数越来越庞大。电信网络诈骗分子实施诈骗具有了极为广阔的空间，给电信网络诈骗的滋生提供了深厚的土壤。

二是社会矛盾、社会问题。我国社会主要矛盾已经转化为人民日益增长的美好生活需要和不平衡不充分的发展之间的矛盾。习近平总书记在中国共产党第二十次全国代表大会上的报告里曾讲道："在充分肯定党和国家事业取得举世瞩目成就的同时，必须清醒看到，我们的工作还存在一些不足，面临不少困难和问题。"在主要问题中，就提到了群众在就业、教育、医疗、托育、养老、住房等方面面临不少难题。正是这些涉及群众生活实际的问题，成为电信网络诈骗犯罪分子实施诈骗的重点领域。电信网络诈骗分子针对群众的急难愁盼问题，有针对性地设计各类诈骗剧本，诱惑群众上当受骗。比如，以"招工""加盟"和帮助找工作为由的诈骗；以解决户口为由的诈骗；以帮助购买低价房为由的诈骗；以帮助孩子入学为由的诈骗；以帮助求医为由的诈骗。由此应运而生的各类诈骗不胜枚举。

三是打击防范电信网络诈骗的政策法规相对滞后。目前，虽然已有一系列打击电信网络诈骗的法律法规，但这些法律法规还不健全、不完善，针对新情况、新问题，有关部门未能及时出台相关政策和配套法律法规加以解决，令犯罪活动有隙可乘。由于一系列因素（内部、外部因素）的影响，国家权力会在一定时期里、一定范围内和一定问题上出现真空的状态。从我国的实践情况看，与反电信网络诈骗工作相关的综合治理、源头治理的制度措施还不够充分，金融、通信、互联网等行业治理仍存在一定薄弱环节，需要进一步建立完善责任制度，形成协同打击治理合力。在防控犯罪的过程中，一旦出现了权力真空（该管理的没有管理，该惩罚的没有惩罚），就会助长犯罪现象的蔓延。电信网络诈骗犯罪之所以形成和变化，正是在于犯罪分子利用了电信、金融以及其他社会管理方面存在的漏洞或者权力真空，实施犯罪活动。不仅如此，电信网络诈骗犯罪一般也都向社会管理相对较弱或者权力存在较大真空的国家和地区传播和蔓延。

四是科学创新、科学技术的广泛应用。科学技术是第一生产力，创新是第一动力。科学技术日益渗透到经济建设、社会进步的各个领域。科学技术、科技产品本身是中性的，科学技术、科技产品既可以为我们的生活带来无比美好有益的便利，同时也会给我们的生活带来不可估量、令人惧怕的诸多问题。我国社会正处于数字化转型期间，随着智能手机、5G 技术、互联网等的高速发展，人们的生活加速向线上转移，安全风险也开始从线下转移到线上。电信网络犯罪分子，正不断利用新理念、新技术变更其诈骗工具和手法。犯罪分子借助利用区块链、元宇宙、虚拟货币、NFT（非同质化通证）等热点词汇与新概念，基于迅猛发展的深度合成技术，通过人脸、声音等个人隐私敏感信息的深度伪造（deepfake），使得诈骗越来越难以被识破。电信网络诈骗犯罪还紧跟社会和技术热点，随时更新变化诈骗手法和"话术"，迷惑性强。在利益刺激驱使下，诈骗团伙往往操纵大量账号、卡池以及使用虚拟货币、人工智能、GOIP、远程操控、共享屏幕、秒拨、VPN、云语音呼叫等新技术对人民群众进行诈骗。只有始终站在科技发展前沿，才能在与电信网络诈骗犯罪分子的博弈中不断占据先机，遏制犯罪，防患于未然。

五是公民信息泄露严重。多数涉网违法犯罪，特别是电信网络诈骗犯罪均以获取公民个人信息为前提条件。提供引流服务、非法买卖公民个人信息、为犯罪活动提供支付结算业务等网络黑灰产业链已成为电信网络诈骗犯罪活动的重要支撑。群众参与生意经营、社交活动、买卖租赁、旅游出行、娱乐服务，下载相关手机 App 应用，在各类短视频平台、网站平台注册等，均需要留下身份信息，可能会被不法分子通过买卖交易泄露。在如今的互联网时代，物联网时代，信息大爆炸、大数据时代中，由于工作生活的需要，个人信息的填写比较频繁，犯罪分子就是通过各种渠道获取了民众的个人资料后，量身定制诈骗剧本，定向发送信息、打电话，有目标地实施精准诈骗。有相当数量的群众由于存在贪利、易疏忽等弱点，就容易被电信网络诈骗分子诈骗。

（二）"伍什反诈"易被诈骗风险评估的条件

根据上述三条易被诈骗风险评估的依据，我们把具备容易上当受骗条件的人群归纳为五大类，以此作为评估易被诈骗风险的条件。

1. 从实施电信网络诈骗的工具、途径上分析，以下人员容易上当受骗：持有手机、电脑、银行卡、上网卡，安装有宽带网络等现代办公生活工具及载体；手机或电脑有短信、微信、QQ、微博、电子邮箱、语音等功能；开通有网上银行、手机银行等功能；手机下载安装有支付、消费购物、娱乐、网络游戏、投资、聊天等各类平台、App软件；经常看手机、玩手机、手机不离手、有"手机控"的低头族；接到陌生电话、收到各类信息（短信、微信、QQ信息等）就忍不住接听查看，并根据对方的要求和提示去操作的人员；收到或看到各种不熟悉的带有诱惑性的微信公众号、二维码、小程序、网络链接、网站等就忍不住点击打开浏览，并根据提示去操作的人员；微信转账会提示对方存在诈骗风险，而忽视这种提示继续转账的人员等。

2. 从职业、学习经历、环境、家庭、生活经历上分析，以下人员容易上当受骗：企业、公司不景气，薪金、补贴较少的员工；家庭经济条件一般、有一定消费需求的在校大学生；长期从事机械加工等工作，社会交往较少的工人；从事服务行业、收入较低的打工者；投入产出差异大，收益一般的个体私营业主；对家里实情不掌握、不了解的城市外来务工人员；出门打工、夫妻聚少离多的人员；在异地居住、工作的人员；手有余钱、赋闲在家的女性；子女在外地工作，留守在家的孤寡老人；无所事事、精神空虚的男性人群。

3. 从对生活的态度、处事心态、处事能力分析，以下人员容易上当受骗：遭遇挫折、遭遇家庭变故、大龄未婚、离异单身、焦虑的"低信用人群"；懵懂无知、胆小怕事、怕犯错误、怕受影响、单纯善良、同情心泛滥的人群；

行事简单、无耐心、不明就里、盲目蛮干、犹豫不决、麻痹大意、做事粗心、缺乏辨别能力的人群；家庭经济较富裕、涉世未深、行事轻率、容易相信别人、重情义、乐于助人的人群；过于自信、喜欢钻空子、喜欢在网上"薅羊毛"、好逸恶劳、想入非非、投机取巧、贪小便宜的人群。

4.从生活需求、致富愿望上分析，以下人员容易上当受骗：无业、个体等有贷款、找工作需求的人群；报名各类讲座、学习班，想拿文凭、证书、证件，获取专利，发表论文的人；因海投简历、参与生意经营、社交活动、买卖租赁、旅游出行、娱乐服务，下载相关手机 App 应用等办理业务，或为了一些小的利益诱惑，随意透露公开个人信息的人员；工资不高、急需用钱的人；急于就业的大学毕业生；有消费攀比心理、追求高消费、虚荣心强的人员；注重养生、不惜投资的老年人；居家想创业、兼职以期贴补家用的群体；向往高品质生活，但经济条件无法满足需求，缺乏吃苦耐劳精神的人员；经常上网"买买买"的人群；想通过买期货、炒股、买虚拟货币、买贵金属、买彩票等投资理财方式发家致富的人；想快速发财致富，追求利益高回报，甚至特别想一夜暴富的人群；为获取利益，买卖、出租、出借电话卡、银行账户、支付账户、互联网账号，假冒他人身份或者虚构代理关系开立卡、账户、账号等；因拆迁、占地、企业公司改革、国家扶持、政府补贴等得到较多现金补偿的人群。

5.从对电诈的认识、被骗经历上分析，以下人员容易上当受骗：对电诈宣传不关注、对宣传内容不知悉，对电诈类型、套路、手法知之甚少的人员；过分自信，认为只要不贪小便宜，自己是不可能被骗的人员；认为只要不接听电话、不点击链接、不下载 App、不打开小程序、不安装公众号、不浏览网页等就不会被骗的人员；曾经被电信网络诈骗过或被诈骗后急于挽回损失的被侵害人。

易被诈骗风险评估条件，是针对近年来电信网络诈骗犯罪分子实施电信网络诈骗的类型及特点，被电信网络诈骗的被害人的心理、性格、文化、职业、家庭、思想和行为习惯，以及被害人被诈骗时社会生活环境、背景这三条易被诈骗风险依据进行综合分析制订的。该条件是能够包括并反映目前全国电信网络诈骗易被诈骗人群普遍性特征，并兼具时代性特点的易被诈骗风险评估条件。

（三）制订易被诈骗风险评估条件要因地制宜、因时制宜、因人群制宜

辩证唯物主义和历史唯物主义告诉我们，任何事物都是发展变化的。在"伍什反诈"工作中，对于容易被诈骗人群的确定，各地在开展"伍什反诈"时，应从科学的角度，用发展的观点，以不脱离客观实际的思维、实事求是的态度，动态制订更加符合本地"伍什反诈"易被诈骗风险评估的条件。绝不能死板教条一成不变地生搬硬套，应做到因地制宜、因时制宜、因人群制宜。

下面我就逐一阐述制订易被诈骗风险评估条件要因地制宜、因时制宜、因人群制宜的问题。

一是易被诈骗风险评估条件的制订要因地制宜。因地制宜，最早出自汉代赵晔《吴越春秋·阖闾内传》："夫筑城郭，立仓库，因地制宜，岂有天气之数以威邻国者乎？"该成语的意思是根据不同环境的实际情况制订相应的妥善办法。民间还有句俗语"一方水土，养一方人"，意思是一定环境造就一定人才。不同地域，环境不同、生存方式不同、地理气候不同，导致思想观念不同，人文历史不同。梁斌《播火记》第一卷十五："'一方水土养一方人'嘛，靠山吃山，靠水吃水。水淀里水，凭着治鱼解苇维持生活，不靠土地。"《橘逾淮为枳》中晏子说过，为什么橘子在淮河两面成了枳与橘，它们虽然样子相似，其实味道不一样，因为"水土异也"。每个地区的水土环境，人文环境都不同，人的性格、生活方式、思想观念也就随之改变。特别是我国幅员辽阔，人口众多，经济发展不平衡，东西南北风土人情等因素差异性较大。各地在开展"伍什反诈"制订易被诈骗评估条件时，如果不充分考虑地域性差异所带来的影响，就不能制订出符合本地区实际的易被诈骗

评估条件。

二是易被诈骗风险评估条件的制订要因时制宜。因时制宜,意思是指根据不同时期的具体情况,采取适当的措施。"因时制宜"这个词出自《淮南子·汜论训》:"器械者,因时变而制宜适也。"我们在"伍什反诈"工作中发现,人在不同时期、不同季节都有不同的表现,原本在通常情况下所能表现出来的一系列特征,就会随着时间的变化而发生变化,特别是在每年春夏秋冬四季变换和重大节日时,人的思想、心理、情绪、行为习惯、处事风格等方面都会有明显的不同和变化。如果我们一味原封不动地把五类条件作为评估的条件,势必会犯教条主义的错误。所以,我们在遵循基本规律制订条件的同时,还要把时间变化这一因素对人们的影响考虑其中,使评估条件更加贴近人民群众的实际生活。

三是易被诈骗风险评估条件的制订要因人群制宜。因人群制宜,意思是根据人们的不同情况,采取适当的方法解决问题。出自《老生常谈·以人为鉴》:"方法不能千篇一律,必须因人制宜。"我们针对不同的人群(比如针对大学生群体、煤矿铁矿等矿工群体、在建筑工地的建筑工人群体、个体私营工商业主群体、高级知识分子群体、下岗无业人员群体、老年人群体、厂矿企业人员群体、家庭妇女群体……)开展"伍什反诈"工作时,一方面应根据不同人群所表现出来的特点,制订更有针对性的具有差异性变化的易被骗风险评估条件;另一方面随着时间的变迁推移,客观因素以及各种环境变化的影响,人群的素质特征也会发生变化。最直接的影响就是,随着公安机关对电信网络诈骗打击力度不断增强,全社会对电信网络诈骗防范手段的不断升级,犯罪分子的诈骗手段、诈骗套路也在不断翻新和升级,从而衍生出更加具有诱惑性、欺骗性、隐蔽性的电信网络诈骗手段。犯罪分子针对的被诈骗人群的特点与以前的人群特点相比会发生较大的变化,这种变化可能会颠覆人们的认知,我们必须重新审视评估条件的时代性、正确性。我们在开展"伍什反诈",研究制订易被诈骗评估条件时,应始终把不同时期各类人群特征的变化作为重点，及时跟进加以研究分析。

以中国五矿集团鲁中矿业有限公司为例。鲁中矿业有限公司，地处山东省济南市莱芜区张家洼街道办事处辖区内，是国有大型地下黑色冶金矿山企业，是中国五矿集团公司的全资子公司，党群关系由上海市管理。公司始建于1970年，建矿起因是国务院同意上海在山东莱芜建设年产100万吨的炼铁基地，是当时上海在外地建设的四个原料基地之一。公司的历史沿革分为四个阶段：一是建矿初期至1981年9月，由上海市和山东省双重领导，以上海市领导为主；二是1981年9月至1999年1月，由原冶金部（局）领导为主；三是1999年1月至1999年12月，由中央大型企业工委管理，1999年12月至2003年3月，由中央企业工委管理，2003年4月至2009年10月由国务院国资委管理；四是2009年11月，鲁中矿业与中国五矿集团公司重组，企业归属五矿集团公司。建矿50余年来，公司的党群关系一直归属上海市管理，公司与上海有着亲密的联系。2020年3月鲁中矿业与中国五矿集团有限公司旗下五矿矿业控股有限公司重组。截至2021年，公司本部（不含莱新铁矿）有正式员工3777人，其中在岗职工3553人，不在岗职工224人；劳务派遣工297人，从业人员为3850人。按职务等级划分：公司现有在岗管理和专业技术人员836人，占员工总数的23.5%。其中中层及以上管理人员73人，占员工总数的2.1%；科级管理人员274人，占员工总数的7.7%；一般管理技术人员489人，占员工总数的13.8%。生产操作服务人员2717人，占员工总数的76.5%。按年龄段分：35岁以下的员工有429人，比例为12.1%；在36—45岁之间的员工有986人，比例为27.8%；46—55岁之间的员工有1692人，比例为47.6%；55—60岁之间的员工有466人，比例为12.6%。按文化程度划分：公司研究生及以上学历人员20人，占员工总数比例0.6%；本科学历人员906人，占员工总数比例为25.5%；大专学历人员787人，占员工总数比例为22.2%；中专及以下学历人员1840人，占员工总数比例为51.8%。按技术职称划分：公司具有高级职称人数为178人，占公司员工总数的2.2%；具有中级职称人数为 394 人，占公司员工总数的 11.1%，其中主体专业占员工总数的 4.83%；具有初级职称人数为 77 人，占公司员工总数的 2.25%，其中主体专业占 2.2%。像鲁中矿业这样经历过改革开放几十年发展变化的央企，使得鲁中矿业的员工养成了独有的不同于周边村居、社区、企业的特点，他们中一部分人，不仅在公司有宿舍、有房子，而且在上海等其他地方有房子，他们当中有一部分人的亲属在上海等其他地方工作学习生活，与上海的生活习俗也有着千丝万缕的联系。因此从思维方式、生活方式、处事风格、行为习惯、待人接物等方面都与周边村居、社区、企业人员有着一些不大相同的地方。如果我们在中国五矿集团鲁中矿业有限公司开展"伍什反诈"，制订易被诈骗风险评估条件时，是不是要考虑因人群制宜的问题呢？答案是肯定的。

综上所述，在制订易被诈骗风险评估条件时，应与时俱进，紧跟时代发展的步伐，紧盯前沿科技应用，紧盯社会矛盾、社会主要问题对人们思想行为的影响，实事求是，守正创新，把有利于找准容易被诈骗的人群，有利于防范电信网络诈骗，有利于保护人民群众的财产安全，作为制订"伍什反诈"易被诈骗风险评估条件的根本要求，不脱离客观实际，不凭空想象臆造，系统、完整、准确地制订好易被诈骗风险评估条件。

第四节　"伍什反诈"易被诈骗风险评估、等级划分及注意事项

如何对人员进行评估划分易被诈骗的风险等级呢？过去对人员进行易被诈骗风险评估并划分等级，从来就没有什么教科书，一直没有固定的模式可遵循，更没有现成的标准答案可借鉴，可谓仁者见仁，智者见智。所闻所见的只是零散的、片状的不成体系的研究和存在。实践是检验真理的唯一标准，只有通过实践检验成功的理论，才具有万古长青的生命力。我们正是在实践的基础上，找到了易被诈骗风险评估及划分等级的方法，这种对人员进行易被诈骗风险评估及划分等级的方法，经过反复不断的试点试验、探索改进、完善总结，已日趋于科学、准确、合理、完善。下面分三个方面详细说明。

（一）制作"伍什反诈"易被诈骗风险评估表

1. 易被诈骗风险评估表的细目内容设定

我们在实际工作中，紧紧围绕电信网络诈骗犯罪分子选择实施诈骗目标时依据的条件，紧紧围绕电信网络诈骗犯罪分子在确保实施诈骗的目标人员能够按照其设置的剧本套路实现诈骗的过程中依据的条件，紧紧围绕能够在电信网络诈骗犯罪嫌疑人选定目标并实施诈骗的过程中起到作用的每项细目，把五大类评估条件的内容，分成四十五项细目，分别是（细目排序并未严格按照五大条件依次排序）：

（1）因长期从事某项职业、学习，受其职业特点及工作、学习环境的影响，遇事容易出现粗心大意、不够谨慎、来不及思考再三、容易相信别人的企业公司员工、在家在校大学生、从事机械加工的工人、服务行业的打工者、个体私营业主等人员。

（2）与家人聚少离多，不能及时准确了解家中实情，不能及时准确了解家中人员情况的外来务工、外出打工、异地居住或工作的人员。

（3）因忙于工作、学习、做生意、创业等，未能顾及个人的婚姻、家庭问题，导致个人婚姻问题长期得不到解决的大龄未婚或离异单身男女，夫妻感情出现矛盾和纠纷，家庭矛盾日益突出的人员。

（4）公司或企业存在资金周转困难、缺乏资金，经营不善、难以为继，导致公司或企业出现停业、歇业、破产、倒闭等情况的人员。

（5）遭遇考场失败、职场失意、感情失落、恋爱受挫等挫折后，会有急躁、冲动、抱怨、逃避、心灰意冷等情绪，不能自我调节，如无外部干预就难以走出挫折阴影的人员。

（6）认为足不出户就能轻松创业挣钱，想居家创业、兼职以期增加收入、贴补家用、改善生活的人员。

（7）胆小怕事，遇到于己不利的事容易发慌紧张、怕受影响、怕别人知道，寝食难安的人员。

（8）急于找工作增加收入改善生活条件的人员。

（9）待业、无业或等录用通知人员。

（10）遭遇亲人离世、父母离婚、亲人伤病、重大财产损失、房倒屋塌等家庭变故后，导致工作、学业、事业都被迫中断、停止，整个家庭的面貌彻底改变，甚至是因此搬离熟悉的环境，导致生活质量断崖式下跌，会有悲痛、苦恼、脾气焦躁、意志消沉、无心思工作等情绪的人员。

（11）看到网上发布的一些拿文凭、证书、证件，获专利，发论文，出版书籍的信息后，想通过网上来实现拿文凭、证书、证件，获专利，发论文，出版书籍的人员。

（12）过于自信、喜欢钻空子、做事较真偏执、不碰南墙不回头、不知变通、举一反三能力弱，对别人的好意劝导不入脑不入心，当成耳旁风，依然我行我素的人员。

（13）有事没事就看手机、玩手机、手机不离手，甚至有网瘾、痴迷网络游戏的"手机控"人员。

（14）因拆迁、占地、国家政府扶持、补贴、企业公司改革、改制等得到较多现金补偿的人员。

（15）遇到意想不到的事就犹豫不决、缺乏主见、心慌意乱、拿不定主意的人员。

（16）赋闲、退休、大学刚毕业在家待业、长时间远离职场的人员。

（17）网上海投简历找工作，网上报名参加各类讲座、学习班，特别是报名参加各类投资理财讲座、财商学习提升班的人员。

（18）内心孤单，做事前不愿跟别人商量，遇事不愿跟别人沟通交流，出事后又不愿跟别人说的人员。

（19）被诈骗后急于挽回损失，甚至不惜一切代价也要挽回损失的人员。

（20）家庭经济条件一般，经济收入来源较少，工资不高且无其他收入或其他收入较低的人员。

（21）单纯善良、富有同情心，甚至同情心泛滥，特别是看到网上关于"大病急需用钱""贫困学生无钱上学"等信息时，就不分青红皂白，不加分辨盲目同情救急，未等官方核实就捐款捐物的人员。

（22）参与生意经营、社交活动、买卖租赁、旅游出行、娱乐服务，下载相关手机应用程序等，均需要留下身份信息，被不法分子买卖交易泄露个人信息；或为了一点利益报酬就随意透露公开个人信息的人员。

（23）生活窘迫，从银行及亲戚朋友处难以借出钱来的焦虑的"低信用人群"。急需用钱又无处筹款的人员，急需用钱却难以筹到所需数额的款项的人员。

（24）消费攀比、追求高消费、不满足现状，向往追求优越的物质生活，正常工作劳动经济收入不能满足生活需求的人员。

（25）涉世未深、易冲动、重情义、讲感情、乐于助人，个人或家庭经济富裕的人员。

（26）有买期货、炒股、买虚拟货币、买彩票、贵金属想法或行为的人员。

（27）经常上网购物或有时在网上购物的"买买买"人员。

（28）想通过投资理财发家致富或有投资理财行为，特别是看到投资回报率高的信息后就有试一试的想法的人员。

（29）懵懂无知、缺乏辨别能力的人员，看待事物注重表象较多，辨别是非能力较弱的人员。

（30）行事简单、不明就里、缺乏理性思考，遇事不能始终保持冷静思考，缺乏习惯性理性思维的人员。

（31）喜欢跟风、缺乏主见，有从众心理，看到别人都去做某件事，自己也跟着去做，不从根本上思考是否真正值得去做的人员。

（32）对无抵押、无担保、无须资质、支付低利率等就可贷款、买车、进货等信息感兴趣、有需求的无业、个体、低收入等人员。

（33）有少量存款、余额的人员。

（34）为获取利益买卖、出租、出借电话卡、银行账户、支付账户、互联网账号等，假冒他人身份或者虚构代理关系开立卡、账户、账号等的人员。

（35）喜欢在网上捡漏、"薅羊毛"、捡便宜，喜欢在网上买价廉物美的商品、打折商品、促销的商品的人员。

（36）看到比银行存款回报率高的事，就不计后果、孤注一掷地有试一试想法的人员。

（37）看到别人生活越来越好，自己也想快速发财致富改变现状，幻想一夜暴富的人员。

（38）持有手机、电脑、银行卡、上网卡等现代办公生活工具、载体的人员。

（39）手机下载安装有支付（微信支付、支付宝支付）、购物、娱乐、网络游戏、投资、聊天等各类 App 的人员。

（40）对电信网络诈骗宣传内容不熟知、不关注，对电诈套路、手法不清楚或知道较少的人员。

（41）微信转账时收到提示对方存在诈骗风险，而忽视这种提示继续转账的人员。

（42）太相信自己的判断能力，认为只要不贪小便宜，自己就不会被骗的人员。

（43）接到陌生电话就不假思索地接听，或稍有迟疑后接听，或对方长时间多次拨打后接听的人员。

（44）收到各类信息（短信、微信、QQ 信息）就忍不住查看，并根据对方的要求和提示去操作的人员。

（45）收到或看到各种不熟悉的有诱惑性的链接、网站、小程序等，就忍不住点击打开浏览并根据提示去操作的人员。

五大类评估条件的内容细目，要随着电信网络诈骗犯罪的社会经济生活背景等客观因素的不断发展变化，要随着犯罪分子实施电信网络诈骗的类型及特点的不断翻新和升级，要随着电信网络诈骗被害人的心理、性格、文化、职业、各种思想行为习惯等主观因素不断变化，与时俱进地做出调整补充完善，使评估细目更加有利于精准评估。要克服一成不变、不切实际、拿来就用的教条主义做法。在“伍什反诈”的实际工作中，易被诈骗风险评估细目，有时也不必拘泥于这四十五项，还可根据实际情况及要求，分得更细、更具体，可多于四十五项。有些情况下，易被诈骗风险评估细目，也可以少于四十五项，要能全面充分体现评估内容的精髓。但也不能过少，以免出现涵盖面不够，有内容漏项或以偏概全的现象，造成易被诈骗风险评估不够精准的问题。

2. 易被诈骗风险评估表细目内容的排列顺序

易被诈骗风险评估表细目内容的排列顺序方式有三种：

第一种是可以按照易被诈骗风险人员被诈骗所必备的文化、职业、家庭状况、社会环境等客观方面的细目内容在前，易被诈骗风险人员被诈骗所必备的思想心理、愿望需求、性格习惯等主观方面的细目内容在后的顺序排列。我们以上述四十五项细目为例，四十五项细目中，有二十五项是反映易被诈骗风险人员客观方面的，有二十项是反映易被诈骗风险人员主观方面的。那么在易被诈骗风险评估表内的排列顺序就可以这样排列：细目 1—25 为客观方面；细目 26—45 为主观方面。易被诈骗风险人员客观方面的细目排序，具体哪一条细目在前，哪一条细目在后，在此不做规定。易被诈骗风险人员主观方面的细目排序，具体哪一条在前，哪一条在后，在此不做规定。

第二种是可以按照易被诈骗风险人员被诈骗所必备的思想心理、愿望需求、性格习惯等主观方面在前，易被诈骗风险人员被诈骗所必备的文化、职业、家庭状况、社会环境等客观方面在后的顺序排列。我们以上述四十五项细目为例，四十五项细目中，有二十五项是反映易被诈骗风险人员客观方面的，有二十项是反映易被诈骗风险人员主观方面的。那么在易被诈骗风险评估表内的排列顺序就可以这样排列：细目 1—20 为易被诈骗风险人员主观方面；细目 21—45 为易被诈骗风险人员客观方面。易被诈骗风险人员主观方面的细目排序，具体哪一条细目在前，哪一条细目在后，在此不做规定。易被诈骗风险人员客观方面的细目排序，具体哪一条在前，哪一条在后，在此不做规定。

第三种是可以根据易被诈骗风险评估工作实际情况的需要，将易被诈骗风险人员被诈骗所必备的客观方面与主观方面的细目顺序打乱进行排列，也就是你中有我，我中有你，不分先后，糅在一起，而非刻意排列组合。这样排列的好处是有一种自然的代入感，符合一般群众的阅读思维习惯。第一种、第二种更适合有较强的认知能力并习惯于运用逻辑思维的人员使用。我们在济南市莱芜区张家洼街道办事处小洛庄村舜和嘉园小区的"伍什反诈"试点工作中，使用的易被诈骗风险评估表细目内容的排列顺序，就是采用了这种将易被诈骗风险人员被诈骗所必备的客观方面与主观方面的细目打乱顺序后不成体系排列的方式。

3. 易被诈骗风险评估表总分值及每项细目内容分值的确定

人员易被诈骗风险综合评估的内容分值有两项，一是使用人员易被诈骗风险评估表了解掌握被评估人易被诈骗风险情况，进行评估并给被评估人打分；二是通过走访座谈的形式了解掌握被评估人易被诈骗风险情况，并给被评估人打分。其中第一项（使用人员易被诈骗风险评估表进行评估，了解掌握被评估人易被诈骗风险情况，并给被评估人打分）在"伍什反诈"工作中，对人员易被诈骗风险评估是非常重要的，对于整个评估风险划分等级工作起着至关重要的作用。鉴于此，我们给人员易被诈骗风险评估表设定本项分值时，要给予更多的分值，更高的权重。在此基础上再给人员易被诈骗风险评估表内的每项细目设定一个分值。而第二项走访座谈情况是一个不好量化直观的过程，其内容是具有一定弹性动态的信息，有时还可能存在着了解的情况有一定的不全面、不准确性，甚至还会有人为的偏见或一叶障目等情况的发生。毕竟，要了解一个人是否有被诈骗的风险是涉及个人隐私的事，如果被评估人不自己主动说出来，不主动如实将真实的自我评估出来，通过走访座谈来了解掌握涉及被评估人易被诈骗风险的相关信息，往往有一定的难度。所以，通过走访座谈来了解掌握被评估人易被诈骗风险，只能成为综合评估易被诈骗风险的必不可少的辅助手段，给走访座谈情况设定一个较少的合理分值为宜。具体多少分值可灵活掌握。

那么，人员易被诈骗风险评估表总分值、走访座谈的分值、人员易被诈骗风险评估表每项细目内容的分值，这三个分值应设定为多少呢？

人员易被诈骗风险评估表总分值、走访座谈的分值、人员易被诈骗风险评估表每项细目内容的分值，不是固定不变的。人员易被诈骗风险评估表每项细目内容的分值，应更着眼于每项细目内容在易被诈骗因素中的重要程度及发挥作用的重要性，对每项细目内容赋予不同的分值。只有按照作用大小、重要与否赋予不同的分值，才能使人员易被诈骗风险评估表更加符合客观实际，更加具有实际应用性。设置不相等分值时，主要是根据某类电信网络诈骗犯罪所针对的某个特定人群而言，当我们要针对某类电信网络诈骗所针对的某个特定人群进行评估时，评估表细目的分值设定，可以设置部分不相等分值的细目，其分值高低要遵循细目越重要分值越高的原则。另外，也可以根据"伍什反诈"实际工作情况设定相等的分值，这种设置原则，主要是用于开展"伍什反诈"工作区域中的一般性普遍评估。

下面以在济南市莱芜区张家洼街道办事处小洛庄村舜和嘉园小区"伍什反诈"试点工作中，所设定的人员易被诈骗风险评估表总分值、走访座谈分值、人员易被诈骗风险评估表中每项细目分值为例，来说明这个问题。在试点工作中，我们设定人员易被诈骗风险综合评估的分值为100分，其中人员易被诈骗风险评估表总分值占90分，走访座谈的分值占10分（走访座谈如何得分在后边还有详细说明，在此不做重点阐述）。在人员易被诈骗风险评估表中，我们是按照90分除以四十五项细目的平均分值2分作为每项细目内容分值使用的。

4. 易被诈骗风险评估表细目内容语言文字表述要求

将上述四十五项评估细目内容制作成易被诈骗风险评估表时，易被诈骗风险评估表内的四十五项内容中的部分内容的文字表述，要与上述四十五项细目中相对应的内容的文字表述有所区别。

（1）易被诈骗评估表内的文字表述要简短，应使用最能代表该条细目意思的语言进行表述。如果表述过长、过多，容易让被评估人产生歧义，本来其应对号入座的，但由于表述的文字内容过多，被评估人限于文化水平，或理解能力差异等，不能全面正确理解该条评估内容的意思，而放弃对该条内容的选择。

（2）易被诈骗风险评估表内的内容文字表述用语要中听、中肯、中性、温和、易于接受，力戒使用生硬、刺耳、歧视、贬低、侮辱性的语言文字，以消除被评估人的抵触、厌烦情绪，增强其乐于配合评估的自觉性，将真实的情况评估出来，从而提高被评估人自身防范电信网络诈骗的警觉性，达到精准评估的目的与效果。

我们上述所讲的易被诈骗风险评估表，是一种综合性易被诈骗风险评估表。综合性易被诈骗风险评估表是单类性易被诈骗风险评估制作时可借鉴的样本基础和依据。

5. 易被诈骗风险评估表的种类

（1）从易被诈骗风险评估表的测评对象覆盖面以及作用功能上，可分为综合性易被诈骗风险评估表和单类性易被诈骗风险评估表。

①综合性易被诈骗风险评估表，是对"伍什反诈"重点工作区域、村居、社区、居民小区、企事业单位中，经过统计分析确定的包括所有电信网络诈骗类型犯罪针对的具有易被诈骗风险的目标人群，而使用的易被诈骗风险评估表。综合性易被诈骗风险评估表覆盖面广，包括所有电信网络诈骗类型实施犯罪的目标人群。

②单类性易被诈骗风险评估表，是对某项发案较多较突出的电信网络诈骗犯罪类型所针对的目标人群而使用的评估表。单类性易被诈骗风险评估表，针对性强，精准性强，灵活性强，更适宜小范围使用。

③这两种易被诈骗风险评估表，既可单独使用，又可相互协同使用。在这里我们重点讲一下协同使用的问题。比如，我们在对"伍什反诈"工作重点区域、村居、社区、居民小区、企事业单位使用综合性易被诈骗风险评估表进行评估，并划分等级后，为了精准地找到各级风险人员更加符合、接近

或更加倾向于哪一类发案比较突出的电信网络诈骗犯罪目标人群的主客观特征，有针对性地防范某类高发的电信网络诈骗犯罪，就可以在使用综合性易被诈骗风险评估表评估并划分风险等级后，再使用单类性易被诈骗风险评估表对已经确定风险并划分等级的人员做进一步的评估，从而确定出该风险级内的人员是否符合、接近或倾向于某类单类性易被诈骗风险人员。使"伍什反诈"易被诈骗风险防范实操组的分组更加科学合理，反诈管理工作更加具有针对性、有效性。

④单类性易被诈骗风险评估表的制作，是在综合性易被诈骗风险评估表的基础上完成的。其细目内容与综合性易被诈骗风险评估表的细目内容大同小异，所不同的是，单类性易被诈骗风险评估表内的细目内容，除了综合性易被诈骗风险评估表的基本特征外，还更加细化了该类电信网络诈骗犯罪所针对的目标人群的易被诈骗风险特征。单类性易被诈骗风险评估表是综合性易被诈骗风险评估表内容非常重要的补充和完善。比如，针对当前电信网络诈骗犯罪类型刷单返利类诈骗所针对的目标人群（主要为涉世未深或缺少社会经验、收入不高或无固定收入、有侥幸心理且赋闲在家或有大量业余时间的期待赚钱、喜欢上网的大学生、宝妈、无业人士），将目标人群在应对刷单返利类诈骗时所表现出来的主客观因素，进一步研究总结细化为具体的细目内容，并将其编入刷单返利类易被诈骗风险评估表中。以此类推，我们还可以制作其他单类性易被诈骗风险评估表。比如：虚假投资理财类易被诈骗风险评估表、虚假网络贷款类易被诈骗风险评估表、冒充客服类易被诈骗风险评估表、冒充公检法诈骗类易被诈骗风险评估表。

（2）从易被诈骗风险评估表的使用介质上分，有纸质版易被诈骗风险评估表和电子版易被诈骗风险评估表。

①在对"伍什反诈"易被诈骗风险"显险性重点""隐险性重点""普险性重点"三大工作重点所涉及的区域、村居、社区、居民小区、企事业单位、重点人群，进行"伍什反诈"易被诈骗风险评估时，建议应尽量采用纸质版

易被诈骗风险评估表,对人员进行易被诈骗风险评估,以确保评估的全面性和精准性。易被诈骗风险评估表内的项目有:分类评估情况、得分栏、评估表得分、走访座谈得分、总得分、评估结果(即综合评估风险等级),这些项目需人工统计填写。

采用纸质版易被诈骗风险评估表进行评估有四大作用:

一是可以对被评估人进行面对面的电信网络诈骗宣传。

二是可以有针对性地及时解答被评估人在电信网络诈骗方面的疑惑。

三是可以向被评估人清晰解读易被诈骗风险评估表的细目内容的具体内涵,使被评估人真正理解评估内容。

四是可以监督与指导被评估人认真审阅评估内容,实事求是自我评估。

而电子版易被诈骗风险评估表除了在统计方面较为方便快捷外,这四个方面是无法做到的。

纸质版易被诈骗风险评估表的突出优点是评估比较精准。主要缺点是需要比较多的人力支持。

②电子版易被诈骗风险评估表,主要用于对未被列入易被诈骗风险"显险性重点""隐险性重点""普险性重点"三大工作重点的区域、村居、社区、居民小区、企事业单位、重点人群,所进行的"伍什反诈"易被诈骗风险常规评估。

电子版易被诈骗风险评估表有五大作用:

一是可以自动汇总易被诈骗风险综合评估分数。

二是可以根据"伍什反诈"工作人员输入的红色高风险平均下限分值,自动划分出红色高风险人员。

三是可以根据"伍什反诈"工作人员输入的黄色中风险平均下限分值,自动划分出黄色中风险人员和蓝色低风险人员。

四是可以根据要求对各类风险人员进行自动分组。

五是可以在网上对各类人员进行管理。

其主要优点是方便快捷，省时省力，缺点是易被诈骗风险评估的精准度不够。

备注：在此说明一下，我们很多同志，在谈到"伍什反诈"易被诈骗风险评估时，普遍都会问到一个问题，那就是易被诈骗风险综合评估表能否绝对精准地评估出易被诈骗人员。如果不能做到绝对精准，那么"伍什反诈"还有什么意义。我们应该包容这种想法，因为大家都希望有一种方法能够干净彻底铲除电信网络诈骗这个危害人民群众财产安全的毒瘤，大家都希望使用这种方法能毕其功于一役，否则就认为这个方法不科学，便不再对此方法产生兴趣。我认为有上述看法、想法是很正常的。但从马克思主义唯物辩证法的角度来考虑，"伍什反诈"易被诈骗风险综合评估表的设计，针对的是电信网络诈骗中的普遍性问题而非某个个体，受外界因素的影响，随着时间和环境的变化而变化的，是一种相对的标准。我们不能背离客观实际，无视客观实际的变化，只能从实际出发，力求做到精准。

附：人员易被诈骗风险综合评估表（见 117 页）

（二）易被诈骗风险评估、划分等级的方法

各地在开展"伍什反诈"这项工作前，如何才能做到精准评估出易被诈骗红色高风险人员并准确划分等级呢？

第一，要使用易被诈骗风险评估表，对选定的准备开展"伍什反诈"工作区域内的电信网络诈骗的被害人，逐个进行易被诈骗风险评估打分后，再通过走访座谈的形式了解掌握被害人易被诈骗风险情况，并给被评估人打分。两项分数相加综合评估，取其平均值，以此作为评定易被诈骗红色高风险人员的平均下限分值。

在这里我们要说明一下，关于选定的准备开展"伍什反诈"工作区域内进行易被诈骗风险评估的电信网络诈骗被害人，一般指的是以分局或派出所为单位的辖区范围内的电信网络诈骗的被害人。分局区域内的电信网络诈骗

的被害人可抽样进行，派出所辖区内电信网络诈骗的被害人较多时，也可抽样进行，但抽取样本人数也不宜过少，应能够体现各类诈骗类型的被害人各种条件下的主要特征。只有选择本辖区的电信网络诈骗的被害人，进行易被诈骗风险评估打分，确定易被诈骗红色高风险人员的平均下限的分值，才能更符合本辖区的实际，更具有针对性，更能精准确定"伍什反诈"区域内的易被诈骗红色高风险人员及数量。

第二，再由"伍什反诈"工作人员使用易被诈骗风险评估表，对"伍什反诈"工作区域内的其他被评估人员进行评估打分，或由被评估人员使用易被诈骗风险评估表自行评估打分。然后再通过走访座谈的形式了解掌握被评估人易被诈骗风险情况，并给被评估人打分。两项分数相加得出总分后，根据评定易被诈骗红色高风险人员的平均下限分值，找出总分高于易被诈骗红色高风险人员的平均下限分值（包括此分值）的所有参与易被诈骗风险测评人员。由易被诈骗风险综合评估组成员对这一范围内的人员进行综合评估后，从而精准确定出易被诈骗红色高风险人员。

"伍什反诈"工作区域内的其他被评估人员，大致包括以下三类人员：持有智能手机并安装有支付宝、微信支付、QQ支付、直播打赏等有转账功能的应用程序或绑定银行卡的人；持有老年手机且有银行卡、存款的人；家里安装宽带且有电脑、上网卡，且有银行卡、网银、存款的人。但并不意味着对这三类人员都要进行评估，而应对这三类人进行统计和综合分析，经过审核后，虽然有的人符合上述三类人中的某一类条件，但不具备易被诈骗风险的其他条件，可以不纳入易被诈骗风险评估范围，从而减轻"伍什反诈"易被诈骗风险评估的工作量，节省"伍什反诈"易被诈骗风险防范实操组长人员。

第三，是在确定了易被诈骗红色高风险人员的平均下限分值后，按照分数越高，风险越高，分数越低，风险越低的原则（特殊情况除外），将一部分易被诈骗风险测评分值较高的人员，划分为易被诈骗黄色中风险基数人员，对他们进行走访座谈，并对其进行易被诈骗风险综合评估，确定出易被诈骗黄色中风险人员。如果有经易被诈骗风险综合评估，达到易被诈骗红色高风险级别的人员，应及时将其划归易被诈骗红色高风险人员中。

第四，是对分数值较低的未列入易被诈骗红色高风险、易被诈骗黄色中风险的人员，进行走访座谈，并对其易被诈骗风险综合评估后，根据易被诈骗风险综合评估的情况，将达到易被诈骗红色高风险级别或易被诈骗黄色中风险级别的人员，及时划入易被诈骗红色高风险、易被诈骗黄色中风险人员，剩余人员全部归入易被诈骗蓝色低风险人员。

第五，是要根据实际情况，确定易被诈骗红色高风险人员、易被诈骗黄色中风险人员、易被诈骗蓝色低风险人员的比例及数量。易被诈骗红色高风险人员的数量一般是确定的；易被诈骗黄色中风险人员，应符合易被诈骗黄色中风险防范实操组每组 10 至 50 人；易被诈骗蓝色低风险人员的比例及数量，应符合易被诈骗蓝色低风险防范实操组每组 100 至 300 人的人员数量确定原则。为了便于开展工作，要根据"伍什反诈"工作人员数量的多少以及"伍什反诈"易被诈骗风险评估人员总数的多少灵活掌握。

第六，在"伍什反诈"工作中，在确定了易被诈骗红色高风险人员后，如果剩余被评估人员不便区分易被诈骗黄色中风险、易被诈骗蓝色低风险，也可以将剩余所有参加易被诈骗风险评估的人员，全部划为易被诈骗蓝色低风险人员，这种划分方法一般不采用。如果将易被诈骗风险评估后只划分为易被诈骗红色高风险人员和易被诈骗蓝色低风险人员两个等级的话，易被诈骗蓝色低风险人员每组的人数划分，按照 100 至 300 人一组的人员数量确定，采取就低不就高的原则进行每组的人员数量划分。

我们以济南市莱芜区张家洼街道办事处小洛庄村舜和嘉园小区"伍什反诈"试点工作为例加以说明。在"伍什反诈"工作展开前，通过使用易被诈骗风险评估表，先对"伍什反诈"工作 2022 年以来派出所区域内 38 名电信网络诈骗的被害人进行易被诈骗风险评估打分（电信网络诈骗被害人较多的派出所，也可抽取部分被害人作为样本进行易被诈骗风险评估打分）。在此基础上，我们又对被测评的电信网络诈骗被害人的情况进行走访座谈了解情况，并对每个被害人进行打分，然后将每个人的两项打分相加后，取被评估的 38 名被害人综合评估分数的平均分数 45 分。因此，我们在开展"伍什反诈"时，就把易被诈骗风险综合评估分数在 45 分以上人员，作为综合评估易被诈骗红色高风险的基数人员加以分类，从而确定易被诈骗红色高风险人员及数量。小洛庄村舜和嘉园小区共 750 户，1935 人，经过统计分析，参与易被诈骗风险评估的人员共计 593 人，共确定了易被诈骗红色高风险人员 21 人，其中男性 13 人，女性 8 人。

那么，在确定了易被诈骗红色高风险人员后，易被诈骗黄色中风险人员与易被诈骗蓝色低风险人员的分数值界限应如何区分呢？对于已区分出红色高风险人员后的剩余人员，通常情况下，分数越高，风险越高，分数越低，风险越低，特殊情况除外。在"伍什反诈"工作中，可以根据实际情况灵活掌握，合理划分。

为了便于开展工作，我们在试点小区开展"伍什反诈"时，把易被诈骗黄色中风险人员的分数确定为综合评估分数在 30 至 44 分之间，从而确定易被诈骗黄色中风险人员及数量。我们把易被诈骗风险综合评估分数在 29 分以下人员，作为易被诈骗蓝色低风险的基数人员加以区分，从而确定易被诈骗蓝色低风险人员。

为了便于工作，在实际的"伍什反诈"工作中，各易被诈骗风险等级人员的数量比例大小，可根据易被诈骗红色高风险人员的数量，确定适宜的比例，这个比例一般控制在 1∶5 至 1∶10。

我们还以"伍什反诈"试点小区为例作以说明。经过易被诈骗综合评估后，确定了易被诈骗红色高风险人员为 21 人。我们依据红色高风险人员的数量，把不同易被诈骗风险等级人员的数量比例控制在大约 1∶5 的比例，即易被诈骗红色高风险人员数量与易被诈骗黄色中风险人员数量的比例大约为 1∶5，易被诈骗黄色中风险人员数量与易被诈骗蓝色低风险人员数量的比例大约为

1：5。由此我们确定了易被诈骗黄色中风险人员为 100 人，其中男性 45 人，女性 55 人。确定了易被诈骗蓝色低风险人员 472 人，其中男性 213 人，女性 259 人。

总之，无论是被确定为易被诈骗红色高风险还是易被诈骗黄色中风险、易被诈骗蓝色低风险人员，都无一例外地被编入"伍什反诈"易被诈骗风险防范实操组，成为"伍什反诈"其中的一个易被诈骗风险防范实操组的组员，都包括在"伍什反诈"工作范围之内，都成为"伍什反诈"保护的对象。

（三）"伍什反诈"易被诈骗风险评估及划分风险等级时的注意事项

在"伍什反诈"工作中，要做好易被诈骗风险评估并划分风险等级，还需要注意做到以下五点：

第一，应根据统计分析的情况，针对被评估风险的区域特点、人群特点、发案特点等情况，适时调整、完善、设定相应的易被诈骗风险评估细目。如果是针对某个人群开展"伍什反诈"时，要针对不同人群特点制作相对应的易被诈骗风险评估表。易被诈骗风险评估细目的内容要贴近现实，符合客观实际。易被诈骗风险评估表内每项细目分值的设定及排列顺序，应重点根据发案较多的某一区域的人群特点、被诈骗人员所表现出来的突出主客观特征等因素区分轻重情况继而确定分值及排序。

第二，综合评估易被诈骗风险应注意综合考虑两个方面，一方面是易被诈骗风险评估表测评结果，一方面是对测评人员的情况进行走访座谈的结果。

一是在综合评估时，应把易被诈骗风险评估表测评分数，作为易被诈骗综合评定风险等级的重要条件。

二是应把走访座谈的分数作为必不可少的补充条件。前边已经说过，走访座谈的分值设定不宜过多。作为易被诈骗风险评估的有益补充，综合评估组应围绕易被诈骗风险评估的五大条件，特别是针对易被诈骗风险综合评估表内的四十五项细目，通过与村居、社区干部、工作人员、网格员、小区物业工作人员或与被评估人员的家庭成员、近亲属、家族成员、同学、战友、朋友、同事、近邻等走访座谈，逐条逐项详细地了解被评估人是否有被电信网络诈骗风险方面的相关情况，并根据走访座谈了解的情况，对走访座谈对象的易被诈骗风险予以打分。易被诈骗风险高得分高，风险低得分低，得分多少应依照易被诈骗风险标准，因人而异尽量给出公正合理的分数。

第三，在"伍什反诈"工作中，应重点把握好以下五类人员的易被诈骗风险评估问题。

一是对于不配合评估或刻意隐瞒实情的人员，应针对被评估人的特点，尽量做通被评估人的思想工作，使其配合"伍什反诈"易被诈骗风险评估。如果确实难以做通工作，"伍什反诈"工作人员应采取多种方法了解其真实情况，待全面掌握其情况后，及时做出易被诈骗风险评估。

二是对于一些做生意经常出差或无固定职业又经常不在居住地居住的人员，应采取其交物业费时向其了解情况，或通过电话向其了解情况，或通过其家人、朋友、邻居等了解情况，必要时可利用公安大数据平台对其相关情况进行查询。如不能掌握其具体情况，可直接将其列为易被诈骗黄色中风险人员。

三是对于新近入住的或在其他地方工作、学习，且一直在工作、学习地点居住，很少回居住地址居住，由于各种因素暂时回到居住地居住一段时间的人员，要不等不靠，及时跟进对其进行易被诈骗风险评估，纳入"伍什反诈"易被诈骗风险组进行管理，不能因这类人是暂时回来居住，而出现视而不见放任自流的现象。例如，在 2022 年 11 月 25 日，"伍什反诈"指导调度攻坚组民警在与试点小区群众交流座谈时，发现小区居民李 ×× 在原 ×× 市市委党校担任厨师工作，长期吃住在党校，很少回小区家中居住，因新冠疫情，单位暂时停止有关工作，让其回家中休息。李 ×× 已回家 5 天，民警询问其以前是否进行过易被诈骗风险评估，其称没有。针对李 ×× 这种情况，他虽然可能待疫情情况好转之后，又要回单位上班且在单位居住，但为了防止其在小区居住期间发生被电信网络诈骗的事，民警还是让"伍什反诈"工作人员对其进行了易被诈骗风险评估并纳入了蓝色低风险防范实操组进行管理。再例如，2023年2月22日，刘××（男，21岁）报称其在舜和嘉园小区家中刷单被骗24391元。经询问刘××得知，其在××职业技术学院上学，2022年9月份至10月份，"伍什反诈"工作人员在其居住"伍什反诈"试点小区进行易被诈骗风险评估时，刘××都因为在××职业技术学院上学未回小区家中居住，而未能参加风险评估，也未列入易被诈骗风险防范实操组管理。2022年12月6日放假回家后，曾有"伍什反诈"工作人员向其发放易被诈骗风险评估表，让其填写测评，其称自己没有时间填写，拿回家测评后再交给"伍什反诈"工作人员，然而其拿着易被诈骗风险评估表回家后，并未填写易被诈骗风险评估表，认为自己根本不需要评估风险，认为自己根本不可能上当，于是就把易被诈骗风险评估表放在了一边。因此其未被纳入"伍什反诈"易被诈骗风险防范实操组的管理范围，"伍什反诈"工作人员也没有继续对其跟踪关注。刘××放假期间在手机上下载了一个叫"GOBO海淘"的App做刷单业务，在其假期结束回到学校后才发现自己被电信网络诈骗的事。

四是对于因拆迁、占地、企业公司改革、国家扶持、政府补贴等得到较多现金补偿的人群，应将其列为重点及时风险评估对象，划分易被诈骗风险等级时，应就高不就低，防止其成为诈骗犯罪的对象。

五是对于有明显征兆显示要上当受骗的人员，比如有被刷单返利、虚假贷款、冒充电商、虚假购物、虚假博彩、冒充司法机关、冒充熟人、交易游戏产品、网络交友、虚假征信等诈骗手段诈骗征兆、倾向的人群，可直接列为易被诈骗红色高风险人员，并作为重点进行跟踪劝阻管理。例如，2022年10月13日，"伍什反诈"工作试点小区的"伍什反诈"易被诈骗红色高风险防范实操一组组长刘××在工作中发现：电信网络诈骗犯罪嫌疑人以"天心玺"项目为诱饵,通过在微信群中发布信息诱骗参与人员"购买天心玺服装",并统一着装在 2022 年 10 月 15 日之前去北京参会,届时会每人发放 55 万元,并强调会议和二十大一起召开,只有在 10 月 15 日前到北京才可报名参会。这属于民族资产解冻类诈骗,"伍什反诈"试点小区居民朱 ×× 也在微信群中上传了自己的信息,还购买了相关衣物,准备参加活动。"伍什反诈"易被诈骗红色高风险防范实操一组组长发现后及时报告预警,将朱 ×× 列入易被诈骗红色高风险防范实操一组进行管理,后经"伍什反诈"指导调度攻坚组民警,向朱 ×× 讲明:民族资产类诈骗犯罪往往通过伪造国家机关公文、证件、印章,编造国家相关政策等手段,以设立"民族资产解冻""政府养老扶贫""慈善募捐活动"为诱饵,诈骗被害人交纳项目启动资金、会员报名费购买指定商品或投资入股,谎称在民族资产解冻项目完成后或到指定地点参加"资产解冻大会"即可给予投资人巨额回报,以骗取钱财。此类犯罪严重侵害人民群众财产安全,损害政府公信力,扰乱社会经济秩序,危害社会治安稳定。比较突出的有"养老育小""天心玺"等一批重大民族资产解冻类诈骗案件。我国没有任何民族资产解冻类项目和组织,要增强识骗防骗意识,不要上当受骗。按照相关法律规定,凡是转发、鼓动、宣传民族资产类解冻相关信息,或者招募会员、组织人员非法聚集的,均涉嫌违法犯罪。通过民警的劝阻宣传,朱 ×× 认识到了自己的行为有被诈骗的风险,愿意配合反诈工作人员防范诈骗,愿意帮助别人进行反诈宣传。经了解,在对该"伍什反诈"试点小区易被诈骗风险评估时,朱 ×× 因在外地工作,并未参加易被诈骗风险评估,其回来后,也未及时纳入"伍什反诈"易被诈骗防范实操组管理,才导致差点被骗。

对同属于一个居民小区,但不隶属于同一个村居、社区居委会、企业、公司、行政事业等单位所管理的人员,如果存在物业、业委会机构设置不完善、发挥作用不到位,网格员、楼长、单元长等未设立等情况:一是可将其划归到相应隶属的单位加以评估;二是可以由社区、村居合理选配人员帮助开展"伍什反诈"易被诈骗评估工作;三是由地方党委政府协调完善物业公司、业委会机构及人员,配置健全网格员、楼长、单元长,将"伍什反诈"工作落到实处。

不过第三种情况往往短时期难以落实。"伍什反诈"工作又刻不容缓,因此应视情况选择前两种形式开展"伍什反诈"工作。

第四,"伍什反诈"风险评估要讲究方法,根据"伍什反诈"工作任务的轻重缓急的要求,"伍什反诈"易被诈骗风险评估可分为常规评估、重点评估、分类评估、随机评估四种方法。在具体执行中,可采取集中评估、分组评估、入户评估、个别评估相结合的方式进行,做到能评尽评,防止漏评。

常规评估主要是对发案较少或未发案的,经统计分析确定为易被诈骗风险系数较低的村居、社区、企事业单位、居民小区等进行的评估。评估时间是每半年或一年开展一次常规评估工作,一般采取集中评估为主的方式进行。总结这些村居、社区、企事业单位、小区等发案少或未发案的原因,为开展"伍什反诈"的村居、社区、企事业单位、小区等提供可供参考的数据和经验。同时注意发现易被诈骗风险隐患,防止出现打冷枪、放冷炮的现象。

重点评估主要是对发案多、发案集中的单位、群体、区域,要开展易被诈骗风险重点评估工作,可采取集中评估、入户评估、个别评估相结合的方式进行。哪种评估方式有利,就采取哪种方式进行评估,要机动灵活完成评估任务。对于发案率较为集中的片区,应酌情增加易被诈骗风险评估的次数,对于特定的某一人群,要增强易被诈骗风险评估的针对性、有效性,最终达到易被诈骗风险评估的精准性。重点评估是我们开展"伍什反诈"易被诈骗风险评估的主要方式。

分类评估主要是针对电信网络诈骗类型所针对的易被诈骗风险目标人群进行评估,评估时重点针对某类或几类高发电信网络诈骗犯罪类型所针对的受害群体而进行。分类评估是在重点评估的基础上进行的更为有效精准的评估方式。使用单类性易被诈骗风险评估表评估。

随机评估主要是指在"伍什反诈"易被诈骗风险评估并划分等级分组后，根据工作需要，对易被诈骗红色高风险防范实操组人员、易被诈骗黄色中风险防范实操组人员，要随机进行易被诈骗风险评估，直至全部降为易被诈骗蓝色低风险人员。对于易被诈骗蓝色低风险防范实操组人员的随机评估，要坚持问题导向，针对不放心的个别人员进行易被诈骗风险随机评估，主要采取个别评估的方式，及时发现易被诈骗风险，增强工作的时效性。对流动人口、暂住人口或因工作需要等在此的人口，也要及时开展易被诈骗风险随机评估工作。

第五，在风险评估时要注意把握以下几个主要的问题。

一是对人员比较多的村居、社区、小区、企事业单位（指人员总数在3000人以上）进行易被诈骗风险评估时，如"伍什反诈"工作人员不能满足工作需要时，可将村居、社区、小区、企事业单位分为几个工作单元，采取逐个单元梯次推进的方式进行评估。确保不会因被评估人员较多，"伍什反诈"工作人员较少，而导致"伍什反诈"易被诈骗风险评估工作走过场，从而确保"伍什反诈"易被诈骗风险评估的真实性、精准性。

二是人们在遇有重大节假日及其他一些节日或特殊时期，人的思想、心理、心情、行为习惯、处事风格、购物消费支出等方面与平时都会有一些不同和微妙变化。特别是在春节、清明节、五一国际劳动节、端午节、中秋节、十一国庆节、元旦这些法定节日来临之前，人们可能已经提前制订了各种购物、旅游、消费计划，专门等到放假后去实现。另外因为我国改革开放的进一步深入，一些国外的节日也入乡随俗地进入了我国，一些年轻人热衷于过圣诞节、复活节、感恩节、愚人节、情人节、万圣节这些节日，并在这些节日组织各类派对，再就是国内某些商家为促销而举办的"双十一"购物节等。总之这些时期在购物、旅游、消费等涉及金钱方面都比平常的开销要大一些。往往这个时候，人们就会放松对电信网络诈骗的警惕性，电信网络诈骗分子也会利用这个机会疯狂实施诈骗。再就是比如到了开学季、毕业季（求职高峰期）、人才招聘季、疫情防控等一些特殊时期，电信网络诈骗分子也会抓住这个难得的机会对广大群众实施诈骗。

因此，针对上述各类情况，应及时开展"伍什反诈"易被诈骗风险评估工作及宣传工作，根据当时的情况，可采取被评估人自测的形式进行。通过开展"伍什反诈"易被诈骗风险评估，使开展"伍什反诈"工作区域范围内的人员，能更加清楚地认识自我，明确自身存在风险，从而提高自主防范电信网络诈骗的意识。

三是"伍什反诈"易被诈骗风险评估工作，要在"伍什反诈"指导调度攻坚组的组织、指导下开展。对发案多、发案集中的单位、群体、区域，开展易被诈骗风险重点评估时，要由"伍什反诈"指导调度攻坚组组织实施，制订计划安排，组织评估人员，严格按要求进行评估。对被评估人进行集中评估时，要严密组织，分组进行，分组宜多不宜少，分组的多少以能够快速精准评估为要。

四是在整个"伍什反诈"的易被诈骗人员风险评估及划分等级的过程中，要有意识地放慢工作节奏，放长工作时间，以高度负责的精神，以细致入微、抓铁有痕、一步一个脚印的工作作风，达到"慢工出细活"要求，做好易被诈骗人员风险评估及划分等级工作。"伍什反诈"评估组的工作人员，要注意鼓励被评估人主动参评，启发被评估人自觉深挖思想认知风险的内在原因，引导被评估人自愿填写存在的风险问题选项，达到真真切切地将被评估人的真实情况评估出来的目的。做到评估一人，精准一人。切忌急功近利、急于求成、水过地皮湿、一阵风式的工作方式。

第五节 "伍什反诈"易被诈骗各类
风险组、工作组怎样编组

要按照注重效能，契合实战，保证一线，统筹兼顾，搭配合理的原则进行编组。降低资源投入，避免人力、物力、财力的浪费，是"伍什反诈"易被诈骗各类风险组、各级工作组在编组时注意把握的重要问题。

那么在"伍什反诈"工作中是如何编组的呢？

乡镇（街道）级以上各级党委、政府都要成立"伍什反诈"工作领导组。每个公安派出所组建一个或几个"伍什反诈"指导调度攻坚组、一个或几个"伍什反诈"易被诈骗风险综合评估组。开展"伍什反诈"的村居、社区、居民小区、企事业单位，都要在"伍什反诈"指导调度攻坚组的指导下，根据工作需要，设置"伍什反诈"易被诈骗风险问题汇总组、易被诈骗风险管理反馈组、易被诈骗风险防范实操组。

成立的时机是：开展"伍什反诈"前，要成立"伍什反诈"领导组、"伍什反诈"指导调度攻坚组、"伍什反诈"易被诈骗风险综合评估组。在"伍什反诈"工作的准备阶段，当易被诈骗风险评估及等级划分完成后，要及时建立健全"伍什反诈"易被诈骗风险防范实操组、易被诈骗风险管理反馈组、易被诈骗风险问题汇总组。这样就为"伍什反诈"提供了可靠的组织保障及人力保障。

（一）"伍什反诈"工作领导组

区县及以上各级党委、政府成立的"伍什反诈"领导组成员与乡镇（街道）的"伍什反诈"领导组的成员有所不同，区县级以上（包括区县）各级党委、政府成立的"伍什反诈"领导组是指在党委、政府的领导下涵盖多个部门参与的普遍意义上的领导小组，其职能侧重横向面上的组织领导、宣传发动、指挥协调、人员资金物资保障、考核验收。工作体现的是引领性作用。而乡镇（街道）党委、政府领导下成立的"伍什反诈"领导小组，是具有较强针对性的，无须多个部门参与，只需要开展"伍什反诈"所涉及的部门单位参与的专门领导小组，其职能更侧重纵向点线的组织领导、宣传发动、指挥协调、人员资金物资保障、考核验收。工作更具有实战性作用。

在这里，我们主要针对乡镇（街道）级党委、政府的"伍什反诈"领导组的编组组成人员做一说明。

乡镇（街道）一级的"伍什反诈"领导组的组成人员，主要包括：党政主要领导或政法委领导、综治办主任、派出所所长以及开展"伍什反诈"工作的社区书记、村居书记、企事业单位领导等。主要负责"伍什反诈"工作的组织领导、宣传发动、工作协调及各类保障、考核验收等工作。

（二）"伍什反诈"易被诈骗风险综合评估组

派出所应根据"伍什反诈"评估易被诈骗风险工作的需要，适时牵头组建"伍什反诈"易被诈骗风险综合评估组。派出所根据工作量的大小，建立一个或多个"伍什反诈"易被诈骗风险综合评估组。"伍什反诈"易被诈骗风险综合评估组，由民警、辅警、社区工作人员、企事业单位负责人、村居干部、小区物业负责人等若干人员组成；也可邀请或聘请具有专业反诈知识技能的人士、专家等，参加"伍什反诈"易被诈骗风险的评估工作。

（三）"伍什反诈"指导调度攻坚组

"伍什反诈"指导调度攻坚组的编组，由派出所办案民警、社区民警、辅警及开展"伍什反诈"工作的单位负责人组成。通常以派出所划分的警务区为单位设立，每个警务区成立一个"伍什反诈"指导调度攻坚组。或可根据派出所"伍什反诈"任务的情况，成立必要的"伍什反诈"指导调度攻坚组，对于"伍什反诈"任务较轻的单位，一个派出所可设置一个"伍什反诈"指导调度攻坚组，负责全所"伍什反诈"的工作指导调度、宣传引领、问题研判、劝阻攻坚任务。

（四）"伍什反诈"易被诈骗风险问题汇总组

"伍什反诈"易被诈骗风险问题汇总组编组时，通常以一个村居、一个人数较多的企事业单位、一个居民小区分别作为一个"伍什反诈"单元，设置一个"伍什反诈"易被诈骗风险问题汇总组。当村居与居民小区的人员有交叉时，可以将村居和居民小区共设一个"伍什反诈"易被诈骗风险问题汇总组，由"伍什反诈"易被诈骗风险问题汇总组长统一管理、协调、汇总"伍什反诈"的相关工作。

（五）"伍什反诈"易被诈骗风险管理反馈组

"伍什反诈"易被诈骗风险管理反馈组编组时，应在划分好"伍什反诈"易被诈骗风险防范实操小组的基础上进行，根据"伍什反诈"易被诈骗风险防范实操小组的数量，组建"伍什反诈"易被诈骗风险管理反馈组。原则上每个"伍什反诈"易被诈骗风险管理反馈组，由不超过 5 个"伍什反诈"易被诈骗风险防范实操组组成，如不足 5 个，以实际数量为准进行组建。一般情况下，"伍什反诈"易被诈骗风险管理反馈组，是由同一风险级的"伍什反诈"易被诈骗风险防范实操小组组成，如果同一风险级的"伍什反诈"易被诈骗风险防范实操小组较少时，也可将不同风险级别的"伍什反诈"易被诈骗风险防范实操小组，组合成一个"伍什反诈"易被诈骗风险管理反馈组。在实际工作中，划分几个"伍什反诈"易被诈骗风险管理反馈组，应根据村居、社区干部，网格员等参与反诈的工作人员的数量而定。工作人员多时，每个"伍什反诈"易被诈骗风险管理反馈组管理的"伍什反诈"易被诈骗风险防范实操组的数量可适当减少；工作人员少时，每个"伍什反诈"易被诈骗风险管理反馈组管理的"伍什反诈"易被诈骗风险防范实操组的数量可适当增加。

（六）"伍什反诈"易被诈骗风险防范实操组

"伍什反诈"易被诈骗风险防范实操组编组时，应本着便于接受、利于开展工作的原则，以家庭成员、近亲属、家族成员、同学、战友、朋友、同事、近邻等由近及远的关系网为纽带，以村居、社区、小区、单位等居住地、工作地为依托：将"伍什反诈"易被诈骗红色高风险人员，按照 5 至 10 人编为一组，不足 5 人，按实际人数进行编组；将"伍什反诈"易被诈骗黄色中风险人员，按照 10 至 50 人编为一组，不足 10 人，可将其直接编为"伍什反诈"易被诈骗红色高风险防范实操组进行管理，但一般不会出现这种情况；将"伍什反诈"易被诈骗蓝色低风险人员，按照每 100 人至 300 人编为一组，不足百人，按实际人数进行编组。在实际工作中，每类"伍什反诈"易被诈骗风险防范实操组人员的数量，应根据村居、社区干部，网格员等参与"伍什反诈"的工作人员的数量而定。"伍什反诈"工作人员多时，每个组的人数可适当减少，组成更多的组；工作人员少时，每组的人数可适当增加，组成较少的组；如果"伍什反诈"易被诈骗红色高风险人员较少时，也可将"伍什反诈"易被诈骗红色高风险人员编入一个"伍什反诈"黄色中风险防范实操组内统一管理，这样可节省一部分人力资源。三类不同风险级别易被诈骗风险防范实操小组，是"伍什反诈"的基础和关键，各组人员的组成人员不是一成不变的，应根据实际工作情况，随机对人员的风险等级进行评估，重新确定易被诈骗风险等级，并及时更换、删减、补充到其相对应的风险组中。

以上六个"伍什反诈"工作组及风险组，在"伍什反诈"的全过程中都是缺一不可的，都对"伍什反诈"工作的开展实施发挥着十分重要的作用，要不断加强各级工作组及风险组的建设。

附："伍什反诈"组织架构图（见 129 页）

第六节 "伍什反诈"各类组长的选配、职责要求

"伍什反诈"各级组长应如何选配、选什么样的人、选多少人担任组长，直接关系到"伍什反诈"工作落实的好与坏，直接关系到人民群众财产安全能否得到保护。

（一）"伍什反诈"工作领导组组长选配、职责要求

1. "伍什反诈"工作领导组组长的选配

"伍什反诈"工作领导组组长由党政主要领导或政法委领导担任。

2. "伍什反诈"工作领导组组长的职责要求

县级以下"伍什反诈"工作领导组主要负责"伍什反诈"工作的组织领导、宣传发动、工作协调及各类保障、考核验收等工作。

组织到位才能领导有方，才能团结带领各方力量，形成强大的凝聚力和战斗力。"伍什反诈"工作领导小组要明确自身定位，充分发挥总揽全局协调各方的作用，要坚持党建引领，认真履行领导责任，把区域、部门、行业、基层等各方面工作有机结合起来，切实提高工作的科学性和有效性。

要发挥我党政治工作的优势，动员一切可以动员的力量。全面动员基层党组织和广大党员干部积极投入到"伍什反诈"的工作中去，做到哪里有任

务，哪里就有党组织坚强有力的工作，哪里就有党员干部当先锋做表率。区县、乡镇（街道）、城乡社区、村居等都要组织起来，积极组织、参与"伍什反诈"，构筑起群防群治的"伍什反诈"严密防线。同时还要紧紧依靠人民群众，充分发动人民群众，提高群众反诈、防诈意识和能力，构筑起自防、助防、群防的人民防线。

在"伍什反诈"工作中，要做到心中有章法。由谁来牵头落实，需要哪些部门参与执行，乡镇（街道）、城乡社区如何配合实施，企事业单位及社会组织能给予何种支持，后勤保障工作如何开展，哪里还存在薄弱环节，等等。要做到对每个工作环节心中有数，形成分工明确，权责清晰的组织实施体系，确保每个人都可以各负其责各展所能。

（二）"伍什反诈"易被诈骗风险综合评估组组长选配、职责要求

1. "伍什反诈"易被诈骗风险综合评估组组长的选配

"伍什反诈"易被诈骗风险综合评估组组长，由派出所的教导员担任。为方便工作，设置副组长一人，由派出所一名副所长担任。

2. "伍什反诈"易被诈骗风险综合评估组组长的职责要求

"伍什反诈"易被诈骗风险综合评估工作，是在对"伍什反诈"区域内符合易被诈骗风险评估人员，完成初次自我评估的基础上进行的。主要做好三方面工作：

一是组织小组人员对初测初评的分数进行统计和分析。被评估人员的分值统计出来之后，要对分值达到红色高风险人员下限分值的人员以及符合划分为黄色中风险分值的人员，在评估表内选择的细目内容进行认真分析，找出每个被评估人员存在的易被诈骗主要风险项，找准易被诈骗的关键风险点，

从而指出其容易被诈骗的相关类型。

二是组织走访座谈了解。对分值达到红色高风险人员下限分值的人员以及符合划分为黄色中风险分值的人员，要通过向村干部、社区干部、网格员、小区物业工作人员等途径了解被评估人的情况，同时通过向其家庭成员、近亲属、家族成员、同学、战友、朋友、同事、近邻等去了解被评估人的情况。

三是综合分析，确定划分风险等级。"伍什反诈"易被诈骗综合评估组，要把对被评估人评估选项的分析情况，结合走访座谈了解的情况，加起来综合分析，从而确定出被评估人的易被诈骗风险等级，并做好易被诈骗风险综合评估纪要。（表格设计要简单、易记录，不可条目过多、烦琐。）

附："伍什反诈"易被诈骗风险评估纪要（见 120 页）

（三）"伍什反诈"指导调度攻坚组组长的选配、职责要求

1. "伍什反诈"指导调度攻坚组组长的选配

"伍什反诈"指导调度攻坚组组长，由一名派出所的主管案件办理的副所长担任，或由一名业务能力较强的民警担任。

2. "伍什反诈"指导调度攻坚组组长的职责要求

总的工作要求是：把准工作方向，把握工作节奏，解答工作问题，参与并指导调度"伍什反诈"工作开展情况，督导检查工作落实，根据上级通知实施预警劝阻。

一是组织对准备开展"伍什反诈"工作的村居、社区、企事业单位、居民小区等进行统计分析，确定进行易诈骗风险被评估人员的大体范围及人数，并指导展开实施易被诈骗风险评估。

二是根据综合评估组对被评估人的评估结果划分的各类风险等级人数，组织人员对村居、社区、企事业单位开展"伍什反诈"工作的组织架构搭建。

对易被诈骗红色高风险、易被诈骗黄色中风险、易被诈骗蓝色低风险三类人员，分别划分"伍什反诈"易被诈骗风险防范实操组、"伍什反诈"易被诈骗风险管理反馈组。选配足量符合要求的"伍什反诈"易被诈骗风险防范实操组长、"伍什反诈"易被诈骗风险管理反馈组长、"伍什反诈"易被诈骗风险问题汇总组长。

三是组织人员对"伍什反诈"易被诈骗风险防范实操组长、"伍什反诈"易被诈骗风险管理反馈组长、"伍什反诈"易被诈骗风险问题汇总组长进行培训。

培训的主要内容，第一，是《"伍什反诈"工作指南》的学习培训，使工作人员学懂弄通"伍什反诈"工作法精髓要义，明确工作任务、工作职责、工作流程、工作要求、工作标准。

第二，是组织学习《反电信网络诈骗法》、电信网络诈骗类型特点、如何防范电信网络诈骗等涉及电信网络诈骗方面知识，使各级"伍什反诈"工作组长对电信网络诈骗有一个全面的了解，对电信网络诈骗的套路、手段有一个基本的了解。

第三，是组织各级"伍什反诈"工作组长，学会与群众打交道、做群众工作的技巧方法，真正成为人民群众信任的防范电信网络诈骗的贴心人、保护神。

第四，是组织小组成员适时对各"伍什反诈"易被诈骗风险防范实操组、管理反馈组、问题汇总组的日常工作情况及"伍什反诈"工作的每个环节的工作重点落实情况进行调度检查，及时发现问题，及时纠偏正向。

（1）组织本小组人员与"伍什反诈"易被诈骗风险防范实操组长、易被诈骗风险管理反馈组长、易被诈骗风险问题汇总组长对准备开展"伍什反诈"工作区域的人员进行易被诈骗风险评估。

（2）督促易被诈骗综合评估组对被评估人员进行科学综合评估并划分等级。

（3）调度检查"伍什反诈"易被诈骗风险评估情况、组长履职情况、存在问题情况、采取解决对策情况。

（4）"伍什反诈"指导调度攻坚组要对"伍什反诈"考核验收的内容：

①检查电信网络诈骗案件的发案率是否降低或零发案。主要是将开展"伍什反诈"工作区域内"伍什反诈"开展前至少半年的发案情况与"伍什反诈"工作开展后至少半年时间的发案情况进行对比，以此作为"伍什反诈"工作效果验收的首要条件。

②检查纳入"伍什反诈"管理的各类易被诈骗风险人员，是否了解电信网络诈骗的各种套路手段。主要是采取现场抽查提问或试卷测验的形式进行验收。试卷的内容根据要求设定，可设置多套测试试卷，随机抽取进行测试。

③检查各风险组人员是否积极配合"伍什反诈"工作，是否认识到自己的行为有被诈骗的风险，是否愿意参与反诈宣传。主要是采取查看工作记录表、听取各组长汇报、与各风险组人员座谈等形式进行验收。

④要将"伍什反诈"指导调度攻坚组的指导调度检查情况记录下来，作为即时考核的内容及结果。

⑤检查"伍什反诈"的实施步骤是否按照每一步骤的具体要求落实到位。

⑥各级工作组及组长按职责要求履行职责情况。

调度检查的时间，可以与"伍什反诈"易被诈骗风险防范实操组长的工作时间相对应，可每周或每半月调度检查一次。有时也不必拘泥于此，也可以根据"伍什反诈"的工作进度适时检查，还可以根据实际情况随时进行调度检查。调度检查情况每月召开一次例会讲评工作，每季度进行一次工作小结，半年或半年以上组织进行考核验收。

第五，是组织小组成员结合分局反诈宣传计划、内容、要求，制订本单位"伍什反诈"的宣传计划、内容、形式、实施方法，并指导进行反诈宣传。

"伍什反诈"工作指导调度攻坚组在指导反诈宣传时，要做到三点：

（1）宣传内容要精。"伍什反诈"指导调度攻坚组，要针对不同群众的思想状况、工作特点设计分众化、差异化的宣传内容，始终保持对业态、热点、类案的敏锐洞察力，切实增强宣传的针对性和时效性。

（2）宣传主体要准。"伍什反诈"指导调度攻坚组要定期研判重大舆情、重点情况，以更开阔的思路、更有效的对策、更有力的措施及时推进"伍什反诈"宣传工作，打牢社交媒体反诈宣传主阵地。

（3）宣传形式要活。"伍什反诈"指导调度攻坚组要创新形式载体，丰富方法手段，善于运用群众乐于参与、便于参与的方式，采取富有时代特色、体现实践要求的方法，在拓展广度深度上下功夫，使宣传既有章法、见力度，更重质量、强效果。要充分运用新技术新应用，强化互动化传播、沉浸式体验，努力扩大工作的覆盖面和影响力，让正能量产生大流量。必须跳脱传统宣传的固定思维，结合地域文化，充分利用抖音、微信、微博、电视、广播、报刊、展板、张贴温馨提示、悬挂横幅、LED显示屏等媒介，结合"一标三实"基础信息采集、社区走访、法制宣传、隐患排查等工作，向群众发放宣传资料、举办讲座、讲解电信网络诈骗犯罪典型案例，剖析犯罪分子的诈骗伎俩，向群众传授识骗防骗技能，告诫群众天上不会掉馅饼，不要贪图小便宜，更不要相信陌生人。及时公布涉案电话、涉案账号、惯用手段、防范措施，提高群众自我防范意识，让反诈宣传更接地气，更有温度，更有吸引力感染力和针对性实效性。

第六，是对各问题汇总组上报的问题，以及市局分局反诈中心下发的预警人员存在的问题组织研判，认真分析研究，拿出解决办法，第一时间到一线群众跟前做好"伍什反诈"的劝阻工作。同时，指导"伍什反诈"红色高风险防范实操组将预警人员纳入管理。

重点做好以下十一种人的劝阻工作。

（1）存在电信网络诈骗离自己很远的想法，对劝阻工作存有抵触心理的人员。

（2）担心自己投资、刷单的行为会被公安机关处理，自己心虚不愿意见面的人员。

（3）有些正处于所谓的"恋爱"、投资状态，顾及隐私不愿见面的人员。

（4）已经被骗子深度洗脑，不相信自己被骗，不仅不见面，还按照骗子教的话术应付的人员。

（5）表面上答应，背地里还是继续听信诈骗的人员。

（6）编造各种理由搪塞，在民警见面前删除诈骗 App，民警走了之后再安装的人员。

（7）手机中安装的 App 众多，把诈骗 App 隐藏得非常深又很难找到的人员。

（8）接到诈骗信息，但未遭受损失时，往往采取放任态度，面对民警的上门劝阻，很少会主动提供诈骗方信息的人员。

（9）认为自己就算被诈骗，金额也不会太大，于是根本不理会民警的劝阻的人员。

（10）认为民警劝阻工作没用，还会给自己添麻烦的人员。报警后又认为前往派出所报案的时间和成本太高，最终放弃被劝阻的人员。

（11）认为自己被骗也就一次，自认倒霉的人员。

针对上述十一种人员，"伍什反诈"指导调度攻坚组要解决好见面难、辨别难、劝阻难、办法少等方面的问题，要想方设法、锲而不舍，迎难而上，排除万难，争取胜利。

第七，是根据"伍什反诈"工作需要，制订提醒防范电信网络诈骗的相关内容的计划，并组织人员定期下发工作提醒信息。同时指导"伍什反诈"各类易被诈骗风险防范实操组、"伍什反诈"各类易被诈骗风险管理反馈组、"伍什反诈"各类易被诈骗风险问题汇总组，有针对性地开展阶段性的防范电信网络诈骗相关内容的提醒工作。

提醒防范电信网络诈骗的时间要把握以下几点：

（1）要针对一个时期或某个阶段，出现发案较多，数额较大等较为突出或带有普遍性的诈骗案件时，及时下发反电信网络诈骗工作提醒信息。

（2）要针对元旦、春节、清明节、五一国际劳动节、端午节、中秋节、国庆节等传统节日及法定节日，及时提醒。

（3）要针对部分年轻人热衷于过的外国节日，如圣诞节、复活节、感恩节、愚人节、情人节、万圣节等节日，及时提醒。

（4）要针对某些商家为促销而举办的各类购物节，比如"双十一"购物节等，都及时发送反电信网络诈骗工作提醒。

（5）要针对开学季、毕业季、寒暑假等特殊时期，有针对性地下发相关提醒防范电信网络诈骗信息。比如：针对毕业季的高校毕业生求职高峰期，要及时重点提醒有求职愿望的毕业生，做好"五防三要"（一防黑中介、二防乱收费、三防培训贷、四防培训付费、五防非法传销，一要增强求职安全意识、二要使用正规求职渠道、三要运用法律维护就业权益），发送防止掉入就业陷阱的提醒信息。

（6）要紧盯社会经济发展动向，针对新兴的科学技术或理论发展可能被电信网络诈骗分子利用而衍生出的新的电信网络诈骗手段类型进行研判，前瞻性地预判未来可能发生的电信网络诈骗手段和类型，及时向"伍什反诈"领导组及工作对象做出有价值的提醒。

第八，是组织填写调度台账、攻坚台账。（表格设计要简单、易记录，不可条目过多、过于烦琐。）

附："伍什反诈"调度检查台账（见 125 页）

"伍什反诈"攻坚台账 （见 126 页）

"伍什反诈"工作考核验收方案（见 130 页）

（四）"伍什反诈"易被诈骗风险问题汇总组组长的选配、职责要求

1. "伍什反诈"易被诈骗风险问题汇总组组长的选配

"伍什反诈"易被诈骗风险问题汇总组组长，可从村居治安主任、社区居委会干部、小区物业经理、企事业单位负责人、公司单位负责人等人选中选配担任，选择中青年为佳。通常情况下，组长要有一定的文化基础，有责任心、有公益公德心、有耐心、群众信任、不排斥。如工作人员较少时，组长可以兼任。

2. "伍什反诈"易被诈骗风险问题汇总组组长的职责要求

一是及时跟进收集整理汇总各"伍什反诈"易被诈骗风险防范管理反馈组反映的问题，每周至少一次以书面的形式向调度研判攻坚组汇报掌握的情况，并复印留存，以备查询。

二是负责组织"伍什反诈"易被诈骗风险管理反馈组组长，落实"伍什反诈"的各项具体工作，全程参与"伍什反诈"。（表格设计要简单、易记录，不可条目过多、过于烦琐。）

附："伍什反诈"易被诈骗风险问题汇总组组长工作记录（见125页）

（五）"伍什反诈"易被诈骗风险管理反馈组组长的选配、职责要求

1. "伍什反诈"易被诈骗风险管理反馈组组长的选配

针对村居、社区，应从村干部、社区干部及工作人员、网格员、村组长、村民代表、公益岗工作人员中选配人员做组长。

针对工厂、企业、公司等生产经营性单位，应从工厂、企业、公司各级负责人、车间主任、班组长、党团组织负责人中选配人员做组长。

针对社区和居民小区，特别是居住人员不同属一个单位，而是由多个单位的人员组成的小区，应从社区居委会干部、网格员、小区物业工作人员、楼栋长、单元长中选配人员做组长。

选择"伍什反诈"易被诈骗风险管理反馈组组长的条件是责任心强、实践能力强、群众基础好，便于开展工作。选择组长通常以所在企业事业单位、村居、社区、居民小区为依托选拔，尽量不要跨村跨片。通常情况下，组长要有一定的文化基础，有责任心，有公益公德心，有耐心，群众信任，不排斥。如工作人员较少时，组长可以兼任。选拔条件不能求全责备，以能顺利开展工作为要。选择中青年担任为佳。

2. "伍什反诈"易被诈骗风险管理反馈组组长的职责要求

"伍什反诈"易被诈骗风险管理反馈组组长，应按照督促落实（督促防范实操组组长履职尽责）、重点帮助（重点帮助问题较多的防范实操组抓好工作落实）、及时反馈（及时向问题汇总组组长反馈汇报工作中发现的问题及难点）的要求随机开展工作。每周至少一次向问题汇总组组长反馈情况，并严格按要求填写工作表内容。（表格设计要简单、易记录，不可条目过多、过于烦琐。）

附："伍什反诈"易被诈骗风险管理反馈组组长工作记录（见124页）

（六）"伍什反诈"易被诈骗风险防范实操组组长的选配、职责要求

1. "伍什反诈"易被诈骗风险防范实操组组长的选配

针对村居、社区，应从村干部、社区干部及工作人员、网格员、村组长、村民代表、公益岗工作人员中选配人员做组长。

针对工厂、企业、公司等生产经营性单位，应从工厂、企业、公司各级

负责人、车间主任、班组长、党团组织负责人中选配人员做组长。

针对社区和居民小区，特别是居住人员不同属一个单位，而是由多个单位的人员组成的小区，应从社区居委会干部、网格员、小区物业工作人员、楼栋长、单元长中选配人员做组长。

选择"伍什反诈"易被诈骗风险防范实操组组长的条件是责任心强、实践能力强、群众基础好，要有一定的文化基础，有责任心，有公益公德心，有耐心，群众信任，不排斥，便于开展工作。通常以所在企业事业单位、村居、社区、居民小区为依托选拔，尽量不要跨村跨片。选拔条件不能求全责备，以能顺利开展工作为要。选择中青年担任为佳。

选配"伍什反诈"易被诈骗风险防范实操组长数量多少的总体要求是越多越好。但在实际工作中，由于基层的工作头绪多，时间紧任务重，也需要村居、社区、物业工作人员、网格员等人员去完成，很难做到把所有的村居、社区、物业工作人员、网格员等人员都为我所用，这就需要选定的"伍什反诈"易被诈骗风险防范实操组长在数量不足的情况下，可能要兼职其他组长。"伍什反诈"工作领导小组要积极协调人员，不断充实增加各级组长，解决组长数量不足的问题，防止因数量不足，导致"伍什反诈"工作出现应付、走过场，落实不到位情况。"伍什反诈"指导调度攻坚组在工作中，发现不适合担任组长或不能胜任组长的人员时，应该及时建议对其进行替换，以保证"伍什反诈"工作的圆满落实。

下面以我们进行"伍什反诈"试点的小区的情况为例加以说明。"伍什反诈"试点小区共计750户，1935人，经过统计分析后，我们对需要进行易被诈骗风险评估的593人，进行了易被诈骗风险评估并划分了风险等级，其中易被诈骗红色高风险人员21人，易被诈骗黄色中风险人员100人，易被诈骗蓝色低风险人员472名，由于当时试点小区所能提供的组长人选只有6人，这6人分别是试点小区所在村居的妇女主任1人，乡村振兴员1人，试点小区物业经理1人，另外3人为公益岗人员。在组长人选较为紧张的情况下，我们只好以各类风险组小组人数的最高极限数值进行了分组。将易被诈骗红色高风险的21人，分为了两组，易被诈骗红色高风险防范实操组一组10人，易被诈骗红色高风险防范实操组二组11人；将易被诈骗黄色中风险的100人，分为了两组，易被诈骗黄色中风险防范实操组一组50人，易被诈骗黄色中风险防范实操组二组50人；将易被诈骗蓝色低风险的472人，分为了两组，蓝色低风险防范实操组一组230人，易被诈骗蓝色低风险防范实操组二组242人。这样易被诈骗风险问题汇总组组长、易被诈骗风险管理反馈组组长、易被诈骗各类风险防范实操组组长就共需要8个人，而易被诈骗红色高风险防范实操组组长还缺2人，我们只好让"伍什反诈"易被诈骗风险问题汇总组组长兼任易被诈骗红色高风险防范实操组一组组长，让"伍什反诈"易被诈骗风险管理反馈组组长兼任易被诈骗蓝色低风险防范实操组一组组长。为了更好地推进"伍什反诈"工作，工作开展一段时间后，我们又协调补充了2名工作人员，工作人员达到了8名，这样原来兼职的组长就不再兼职，将其兼职的易被诈骗红色高风险防范实操组一组及易被诈骗蓝色低风险防范实操组一组组长，由新补充的2名组长分别担任，这样，每个人都成了专门负责一个组的专职组长。"伍什反诈"工作开展一段时间后，"伍什反诈"指导调度攻坚组发现有一名组长，文化水平较低，个人事务较多，加之其本人也提出难以胜任其负责的工作，"伍什反诈"指导调度攻坚组与村居进行了协商沟通，就及时对该组长进行了替换。

2. "伍什反诈"易被诈骗风险防范实操组组长的职责要求

　　"伍什反诈"各类易被诈骗风险防范实操组组长，对本组实行认领承包责任制，在"伍什反诈"工作流程内，在"伍什反诈"工作指导调度攻坚组的指导下，全面负责本组的"伍什反诈"工作，自主实时开展"伍什反诈"的各项工作。

　　"伍什反诈"易被诈骗风险防范实操组在风险定级分组后，应立即按照各自的工作职责要求开展工作。要重点做好"三问三看、两提醒、一汇报"工作，对组员的易被诈骗风险随机评估工作，反电信网络诈骗宣传工作。

"三问三看"：

一是询问或查看组员的手机有无收到疑似诈骗短信、微信、QQ 信息；有无接到疑似诈骗电话及其他不明电话；有无下载安装 App、小程序，关注扫描二维码、公众号，点击不明链接、浏览不健康网页。

二是询问或查看组员有无进行网上贷款、投资理财、炒股、网上办理各种委托业务等；有没有网上购物、直播打赏、购买游戏设备、购买彩票等。

三是询问或查看组员是否收到政府部门机关及公安部门的防诈宣传信息，是否熟知宣传信息内容；是否安装国家反诈中心 App、是否知道 96110 预警劝阻专线、12381 预警劝阻短信系统、全国移动话卡"一证通查"、云闪付 App"一键查卡"、"反诈名片"、全国互联网账号"一证通查 2.0"等七大反诈利器。

"两提醒"：

一是及时提醒删除或帮助删除与电信网络诈骗内容有关的信息、电话、群组、链接、App、平台等。

二是及时按照"伍什反诈"指导调度攻坚组制订的关于防范电信网络诈骗的提醒计划，在规定的时间内将有关防范电信网络诈骗的内容向组员做出提醒。

"一汇报"：

对执迷不悟、顽固痴迷等无法做通工作的人员及时上报。由"伍什反诈"指导调度攻坚组会同其他人员，对该人员进行预警劝阻工作。

（1）"伍什反诈"易被诈骗红色高风险防范实操组组长，要对照"三问三看、两提醒、一汇报"的要求，每周至少开展一次工作，抓好工作落实。把对每个组员的工作情况逐一记录，记录内容要真实，也可以表格的形式填写工作内容。通过连续两周的工作后，对于组员能够积极配合组长工作且对反诈宣传内容及电诈套路了解较多，并有了一定的反电诈的防范心理准备及反诈技能的组员，"伍什反诈"指导调度攻坚组可视情况将原来的每周开展一次工作，调整为每两周开展一次工作，从而避免因短时间过于频繁地与组员见面或联络，给组员造成不必要的生活干扰，而产生厌烦等不配合的情绪。工作一个季度后，可根据实际情况，随机对每个组员进行风险评估，并根据风险评估情况，重新划分风险等级，及时将其列入相应的风险组中继续开展工作。（表格设计要简单、易记录，不可条目过多、烦琐。）

附："伍什反诈"易被诈骗风险防范实操组组长工作记录（红色高风险）（见 121 页）

（2）"伍什反诈"易被诈骗黄色中风险防范实操组组长，每周至少开展一次工作，主要是做好反诈宣传、随机评估、个别工作（根据工作需要，有针对性地做好个别组员的"三问三看、两提醒、一汇报"工作）。并记录工作落实情况，记录内容要真实，也可以表格的形式填写工作内容。通过连续两周的工作后，对于组员能够积极配合组长工作且对反诈宣传内容及电诈套路了解较多，并有了一定的反电诈的防范心理准备及反诈技能的组员，"伍什反诈"指导调度攻坚组，可视情况将原来的每周开展一次工作，调整为每两周开展一次工作，从而避免因短时间过于频繁地与组员见面或联络，给组员造成不必要的生活干扰，而产生厌烦等不配合的情绪。工作一个季度后，可根据实际情况，对组员进行随机评估，并根据评估情况，重新划分风险等级，及时将其列入相应的风险组中继续管理。（表格设计要简单、易记录，不可条目过多、烦琐。）

附："伍什反诈"易被诈骗风险防范实操组组长工作记录（黄色中风险1）（见 122 页）

"伍什反诈"易被诈骗风险防范实操组组长工作记录（黄色中风险2）（见 123 页）

（3）"伍什反诈"易被诈骗蓝色低风险防范实操组组长，每周至少开展一次工作，主要是做好反诈宣传、随机评估、个别工作（根据工作需要，有针对性地做好个别组员的"三问三看、两提醒、一汇报"工作），并记录落实情况，记录内容要真实，也可以表格的形式填写工作内容。通过连续两周的工作后，对于组员能够积极配合组长工作且对反诈宣传内容及电诈套路了解较多，并有了一定的反电诈的防范心理准备及反诈技能的组员，"伍什反诈"指导调度攻坚组，可视情况将原来的每周开展一次工作，调整为每两周开展一次工作，从而避免因短时间过于频繁地与组员见面或联络，给组员造成不必要的生活干扰，而产生厌烦等不配合的情绪。工作一个季度后，可根据实际情况，对组员进行随机评估，并根据评估情况，重新划分风险等级，及时将其列入相应的风险组中继续管理。（表格设计要简单、易记录，不可条目过多、过于烦琐。）

附："伍什反诈"易被诈骗风险防范实操组组长工作记录（蓝色低风险1）（见123页）

"伍什反诈"易被诈骗风险防范实操组组长工作记录（蓝色低风险2）（见124页）

总之，无论是"伍什反诈"易被诈骗红色高风险防范实操组组长，还是"伍什反诈"易被诈骗黄色中风险防范实操组组长、"伍什反诈"易被诈骗蓝色低风险防范实操组组长，在开展工作时，第一，要讲究方法，因人而异，切忌因语言表达、工作方法不当等问题，导致组员产生抵触、反感，甚至对立的情绪，导致出现组员不配合反诈的情况。比如在对组员开展"三问三看、两提醒、一汇报"时，应在得到组员的同意和确认后，方可对组员的手机进行查看或删除，不得强行查看或删除；不得趁机偷看、拍照、截图或转发组员的个人信息以及涉及组员隐私等内容。如果组长不便当面向组员落实"三问三看、两提醒、一汇报"工作时，也可以通过微信、短信或视频对讲的方式进行。必要时，在保证组员信息不被泄露的情况下，还可以委托组员比较信任的家庭成员或近亲属等协助完成"三问三看、两提醒"工作。

第二，"伍什反诈"易被诈骗风险防范实操组长，在对组员的手机进行清理删除时，要提高辨别能力，掌握辨别方法，防止出现工作失误。比如有些组员的手机中安装有较多 App，甚至有的组员还把诈骗 App 隐藏得非常深，很难找到，加之诈骗 App 越来越精致，很难直接辨别，作为"伍什反诈"防范实操组长要学会借助智能手机统计各 App 使用时间的功能发现嫌疑 App。

一是询问软件来源。如果不是从正规的软件商城下载，而是直接从短信链接、陌生好友推荐的二维码、安装包或者直接从网上搜索下载的，就有很大的概率是嫌疑 App。

二是看使用过程。如果当事人在下载以及使用 App 时，有陌生人和当事人联系并进行引导，基本上都是诈骗 App。可以在当事人的微信、QQ 等聊天软件中，搜索关键词如"老师、投资、赚钱"，看是否有这类陌生人。

三是查客户端信息。在进入 App 后，找到"帮助""关于我们"等板块信息，再用百度查询真伪，一般能够辨别。发现诈骗 App 后，立即删除干净，避免再次接触被骗。

第三，如果发现有些组员被骗子深度洗脑，不相信自己被骗，或者表面上答应，背地里还是继续操作，甚至有的组员编造各种理由搪塞，在组长面前删除诈骗 App，组长走了之后再安装的，应根据工作要求及时汇报，由"伍什反诈"指导调度攻坚组负责劝阻工作。

第四，"伍什反诈"易被诈骗风险防范实操组组长的反诈宣传，要在"伍什反诈"指导调度攻坚组的指导引领下，按照统一的计划、内容、要求、方法进行。也可根据本组实际情况，自主开展"伍什反诈"宣传工作。自主宣传主要是采取打电话、发送微信、发送短信、当面宣讲、发放宣传资料、设置展板、张贴温馨提示、悬挂横幅、广播播音等省时、省力、省钱的方式进行。

第五，"伍什反诈"易被诈骗风险防范实操组组长，还应根据本组人员数量的多少，挑选组建"伍什反诈"易被诈骗风险预警信息员队伍。通常情况下，是在易被诈骗蓝色低风险防范实操组，物建"伍什反诈"易被诈骗风险预警信息员。易被诈骗黄色中风险防范实操组每组人员较多时，也可以物建"伍什反诈"易被诈骗风险预警信息员。每50人物建一名"伍什反诈"易被诈骗风险预警信息员，易被诈骗风险预警信息员对"伍什反诈"易被诈骗蓝色低风险防范实操组组长负责。主要是在群众中随机进行反诈宣传，注意察觉发现可能与电信网络诈骗有关的现象苗头倾向，及时将发现的情况向组长反馈。"伍什反诈"易被诈骗风险预警信息员的物建，不求全责备，只要愿意为反诈工作尽心出力的人员，无论是谁，都可以成为"伍什反诈"易被诈骗风险预警信息员。

第六，各"伍什反诈"易被诈骗风险防范实操组组长，要利用现代通信工具，建立各易被诈骗风险防范微信群，通过微信及时向组员发送各类反诈提醒信息。

（七）"伍什反诈"各组长及成员要保持相对的稳定性

众所周知，"上边千条线，下边一根针"。基层工作头绪多，任务重，各项工作都需要基层干部群众去抓好落实，为了完成上级及各部门下达的各项指标任务，基层干部群众只能是哪个部门抓得紧就先干哪个部门的工作，哪项工作任务监督追责就先干哪项任务，哪项工作任务重要就先干哪项工作任务，好像总有干不完的活，总是有做不完的事。这边需要人干就把人抽到这边干，那边需要人干就把人抽到那边去干。一人兼两职三职，甚至兼数职的现象也是普遍存在的。长此以往，基层干部群众就会产生疲于应付的思想情绪，对待任何工作都不会产生多大的兴趣，工作差不多就行，难以达到标准要求。另外，由于基层的工资待遇较低，一些工作岗位对人员的吸引力不够，人员的离职现象突出。这些问题的存在都有可能直接导致"伍什反诈"工作功亏一篑。因此，我们提出要保持"伍什反诈"各组长及成员的相对稳定性，而并非专职化要求。

举个例子来说明这个问题：在济南市莱芜区张家洼街道办事处小洛庄舜

和嘉园小区"伍什反诈"试点工作的后期,"伍什反诈"易被诈骗风险汇总组组长刘某(村妇女主任)、"伍什反诈"易被诈骗风险管理反馈组组长周某(乡村振兴员)相继离职,由于各种因素,二人的岗位一时未能有人及时补上,致使"伍什反诈"的后期工作一度出现空缺。

(八)"伍什反诈"对各工作组组长的保密纪律要求

"伍什反诈"工作中,各级工作组组长要严格执行保密纪律,对在反电信网络诈骗工作过程中知悉的国家秘密、商业秘密和个人隐私、个人信息予以保密。特别是涉及被评估人员的个人信息,要注意保密,不得利用工作之便,将组员的信息泄露或买卖。

(九)注重解决和克服"伍什反诈"五个时期普遍存在的五种思想情绪

在"伍什反诈"准备期、早期、中期、后期、巩固期工作中,"伍什反诈"易被诈骗风险防范实操组组长、易被诈骗风险管理反馈组组长、易被诈骗风险问题汇总组组长、易被诈骗风险综合评估组组长、指导调度攻坚组组长普遍存在五种思想情绪。

一是解决"伍什反诈"工作开展准备期的急于求成的思想情绪。"伍什反诈"前期"测评电信网络诈被害人,确定易被诈骗高风险下限分值标准;统计分析,确定评估范围;初测初评、综合评估确定易被诈骗风险等级;科学编组,确定组长,组织培训"这四项工作,每项工作都对"伍什反诈"工作的顺利开展起着至关重要的作用。必须按部就班,稳中求进,扎扎实实地完成,切忌因为工作头绪多、任务重,而产生急于求成的思想情绪,否则,就会造成前功尽弃,事倍功半。"伍什反诈"指导调度攻坚组,要把握好工作的节奏,加强指导、调度、检查,尽量放缓放长工作的时间,用"慢工出细活"办法,使"伍什反诈"开展前的准备工作做好。为后期的"伍什反诈"工作的展开实施打好基础。因此必须注重发现并克服急于求成的思想情绪。

二是解决"伍什反诈"工作早期的畏难情绪。在实际的"伍什反诈"工作中，由于基层工作头绪多、任务重，可供选配的"伍什反诈"易被诈骗风险防范实操组组长、易被诈骗风险管理反馈组组长、易被诈骗风险问题汇总组组长，多数是村居社区公益岗人员、网络员、村民代表、村小组长、党小组长、小区物业工作人员等，虽然他们大都有很高的"伍什反诈"工作热情，但普遍存在文化水平不高，填写不好工作记录；没有从事过专门的反电信网络诈骗工作，反诈工作经验缺乏；没有学习过电信网络方面的专业知识，不知道向组员宣传教育普及哪些内容；对智能手机、电脑方面的操作技能掌握不全面，担心不能很好地落实"三问三看、两提醒、一汇报"工作；平时都是听上级安排工作，现在转变身份做管理工作、工作问题汇总工作、面对面做群众思想工作，担心做不好工作。诸如此类的一些问题，都容易使"伍什反诈"易被诈骗风险防范实操组组长产生工作畏难情绪。这些思想情绪直接影响"伍什反诈"工作质量。因此，在"伍什反诈"的工作初期，必须下功夫解决这个问题。"伍什反诈"指导调度攻坚组，要把握好工作的节奏，加强指导、调度、检查，尽量放缓放长易被诈骗风险评估及划分的时间，用"慢工出细活"办法，使"伍什反诈"首次评估及等级划分工作达到理想的效果。因此必须注意发现和克服怕干不好的畏难情绪。

三是解决"伍什反诈"工作中期存在的骄傲自满、盲目乐观的情绪。当我们按照"伍什反诈"实施的方法步骤，严格实施了"测评电信网络诈骗被害人，确定易被诈骗高风险下限分值标准；统计分析，确定评估范围；初测初评、综合评估确定易被诈骗风险等级；科学编组，确定组长"这四个步骤，进入第五个步骤"组织培训，展开实施"并工作了较长一段时间后（这个较长一段时间，一般是指一个季度左右的时间），开展"伍什反诈"的村居、社区、企事业单位、居民小区等，与"伍什反诈"工作开展前相比，出现电信网络诈骗案件没有发生或极少发生，或案件发案的百分比大幅下降的状况时，这时我们参与"伍什反诈"的易被诈骗风险防范实操组组长、易被诈骗风险管理反馈组组长、易被诈骗风险问题汇总组组长，就容易产生骄傲自满、盲目乐观的情绪，就会认为，反电信网络诈骗的工作做得不错了，管理的组员已经具备了反诈防骗的超能力，对犯罪分子的各种诱惑欺骗百毒不侵了，就会认为在反电信网络诈骗方面无事可做了，可以进行检查验收，总结成绩，论功行赏了。殊不知，在今天这个大数据时代，电信网络诈骗犯罪分子也会利用高科技手段，利用大数据分析，他们也会时刻关注各地的反诈动向，你这里反诈形势搞得好，措施得力，他们就会选择其他反诈工作比较薄弱的地方进行精准诈骗。如果我们的"伍什反诈"工作麻痹松懈，就会给电信网络诈骗犯罪分子实施诈骗可乘之机，就有可能使"伍什反诈"工作取得的阶段性成效付之东流。因此必须注意发现和克服工作中的骄傲自满、盲目乐观的情绪。

四是解决"伍什反诈"工作后期的形式主义、应付了事的思想情绪。因为经过了前期工作的磨合，中期工作的历练，工作了四个多月后各级组长对"伍什反诈"各项方法技能已掌握得比较好了，干起工作来也都能得心应手。而且经过四个多月工作的努力付出，"伍什反诈"的工作成效渐渐显现，大部分同志就会认为没有必要再如临大敌般地去落实"伍什反诈"的具体要求了。另外，由于工作周期长，虽然时常对各易被诈骗风险实操组人员进行"提醒、监督和纠察"工作，但是组员参与"伍什反诈"的热情会逐渐消退，配合度也在逐渐下降，势必影响各级组长的思想情绪，导致各组长对于各项工作的落实，就会自觉不自觉地产生只要工作过得去就可以交差的想法，只要能应付检查就可以过关的想法，就会使"伍什反诈"工作陷入形式主义的怪圈。因此必须注意发现和克服工作中存在的形式主义、应付了事的思想情绪。

五是解决"伍什反诈"成果巩固期出现的刀枪入库、马放南山的思想情绪。"伍什反诈"工作检查验收后，所有"伍什反诈"各组的成员，大都会有歇歇脚、松口气的想法。殊不知"行百里，半九十"的道理。"伍什反诈"工作检查验收后并不意味着"伍什反诈"工作的彻底结束，"伍什反诈"是一项长期复杂而艰巨的工程，我们如果不坚持反诈，那么电信网络诈骗分子早晚会卷土重来。因此，作为社区、村居、企事业单位、居民小区，应注重克服"刀枪入库、马放南山"的思想情绪，按照"伍什反诈"工作指导调度攻坚组的要求，继续开展电信网络诈骗的宣传、了解摸底等工作，组织进行常态化防范工作，以防止出现电信网络诈骗案件。

第七节 "伍什反诈"应坚持的原则

反电信网络诈骗工作坚持以人民为中心,统筹发展和安全;坚持系统观念、法治思维,注重源头治理、综合治理;坚持齐抓共管、群防群治,全面落实打防管控各项措施,加强社会宣传教育防范;坚持精准防治,保障正常生产经营活动和群众生活便利。(引自《反电信网络诈骗法》第一章第四条)

在开展"伍什反诈"工作中,我们还应坚持以下五条原则。

(一)"伍什反诈"要坚持党政主导的原则

习近平总书记指出:东西南北中,党政军民学,党是领导一切的。要始终牢记"国之大者",聚焦群众的"急难愁盼"。各级党委政府都要将打击防范电信网络诈骗作为民生工程、平安工程来抓。《反电信网络诈骗法》第一章第八条规定:"各级人民政府和有关部门应当加强反电信网络诈骗宣传,普及相关法律和知识,提高公众对各类电信网络诈骗方式的防骗意识和识骗能力。教育行政、市场监管、民政等有关部门和村民委员会、居民委员会,应当结合电信网络诈骗受害群体的分布等特征,加强对老年人、青少年等群体的宣传教育,增强反电信网络诈骗宣传教育的针对性、精准性,开展反电信网络诈骗宣传教育进学校、进企业、进社区、进农村、进家庭等活动。各单位应当加强内部防范电信网络诈骗工作,对工作人员开展防范电信网络诈骗教育;个人应加强电信网络诈骗防范意识。单位、个人应当协助、配合有关部门依照本法规定开展反电信网络诈骗工作。"

"伍什反诈"工作只要在党委、政府的主导下开展，就能形成党政主管、公安主抓、部门协作、村居社区主防、群众主动、社会各界共同参与的全方位、全时空反诈工作格局；就能统筹调动一切社会公共力量资源，明确各单位主体责任、主管责任、监管责任、属地责任，达到人力、物力、财力的最大保障，持续汇聚全区域全领域全方位的反诈力量。

（二）"伍什反诈"要坚持突出重点原则

只有坚持问题导向，抓住重点，才能有的放矢，精准发力，箭无虚发。"伍什反诈"工作突出解决的重点分为三种：一种是显险性重点，一种是隐险性重点，一种是普险性重点。

第一，显险性重点，就是已知的显而易见的紧迫需要解决的有易被诈骗风险性的重点。是把已发案件多少作为参照标准，确定为"伍什反诈"的重点开展工作。对于显险性重点，开展"伍什反诈"的原则是哪里有发案，就在哪里开展"伍什反诈"；哪里发案多，就在哪里开展"伍什反诈"；哪里发案集中，就在哪里开展"伍什反诈"；哪个群体被骗的多，就在哪个群体开展"伍什反诈"……

第二，隐险性重点，是未知的隐而未现的而又确实存在易被电信网络诈骗风险的重点。要想知道哪些是"伍什反诈"的隐险性重点，最直接、最快捷、最有效的办法，是通过使用易被诈骗风险评估表，对未发案或偶发案的区域、群体、村居、企事业单位、居民小区的人员，进行易被诈骗风险评估，并对评估情况进行综合分析后，使原来隐而未现的易被电信网络诈骗的风险浮出水面，从而确定是否是隐险性"伍什反诈"工作的重点。它是以易被诈骗风险高低为参照标准的。还有一种办法，是通过统计分析的结果来判断是否是隐险性"伍什反诈"工作重点。

首先，我们谈一下使用易被诈骗风险评估表，对未发案或存在偶发案的区域、群体、村居、企事业单位、居民小区的人员，进行易被诈骗风险评估，继而确定隐险性重点的问题。

一是对于未发案或偶发案的区域,作为区县一级的公安分局,要区别城区、郊区、乡村,有针对性地开展"伍什反诈"易被诈骗风险评估,根据评估出的红色高风险、黄色中风险人员数量的多少,确定出隐险性重点后,从而展开"伍什反诈"工作。

二是在同一区域的不同片区,要重点对人员较集中的片区进行"伍什反诈"易被诈骗风险评估,根据评估出的红色高风险、黄色中风险人员数量的多少,确定出隐险性重点后,从而决定是否展开"伍什反诈"工作。

三是对于未发案或偶发案的区域、群体、村居、社区、企事业单位、人数较多的居民小区,要根据"伍什反诈"易被诈骗风险评估情况,根据评估出的红色高风险、黄色中风险人员数量的多少及人员情况,找准确定出隐险性重点人群、重点年龄段。

其次,我们来谈一下通过统计分析的结果来判断是否是隐险性"伍什反诈"重点区域、群体、村居、企事业单位、居民小区。要知道是否是隐险性重点,必须得先知道隐险性重点确立标准。

隐险性"伍什反诈"重点区域、群体、村居、企事业单位、居民小区的判定标准是:

一是人口密度大,居住人口多,人员有一定的流动性且与外界接触交流多。

二是人员的经济条件普遍处于中低以上生活收入水平,绝大多数人员有一定的经济来源(包括由别人提供保障)和收入。

三是持有智能手机并安装有支付宝、微信支付、QQ支付、直播打赏等具有转账功能的应用或绑定银行卡;持有老年手机且有银行卡、存款;家里安装宽带且有电脑、有上网卡且有银行卡、网银、存款的人员占大多数。

四是未加入中国共产党、民主党派以及其他各种合法社会团体、组织的人员多。

五是未在行政事业单位、大中型企业工作的(包括辞职、离职、退休等情况）人员多。

六是个体经营、自由职业、无业者居多，居住人员成分复杂。

具备上述六条，就可以确定是隐险性"伍什反诈"的重点。

对通过统计分析确定的隐险性重点，在展开实施"伍什反诈"前，也应使用人员易被诈骗风险评估表对相关人员进行易被诈骗风险评估并划分等级编组后，方可展开实施"伍什反诈"。

第三，普险性重点，就是普遍存在易被诈骗风险的重点。普险性重点，可以从总体和单项进行区分。

先讲总体普险性重点。在中国按传统分法，将年龄划分为四组，即青年组（29岁以下），中青年组（30—39岁），中年组（40—49岁）和中老年组（50岁以上）。世界卫生组织公布最新年龄划分标准是：青年人是指年龄在18岁—44岁之间；中年人是指年龄在45—59岁之间。无论哪种标准划分，应该说从青年至中年这一时期的年龄段，是人生最富有活力、创造力的时期，思想先进，精力充沛，需求较多，物质生活要求高，是社会进步的主力军。就拿当代青年来说，当代青年与电信、互联网时代同步成长，从小接触手机、电脑等现代生活学习工作工具，特别是手机已成为青年人不可或缺的生活、工作必需品，青年人购物、消费、支付、娱乐、生活、工作等都是通过手机来完成，加之这部分人缺乏生活、社会经验，处置问题及突发状况的能力弱等原因，因此也是电信网络诈骗犯罪分子重点诈骗的目标，被电信网络诈骗的概率与其他年龄段人员相比明显增大。再说一说当代的中年期的人员，是随着我们国家改革开放一起成长起来的，这部分人员看到并经历了我国改革开放的巨大变化，享受了改革开放给我们每个人带来的好处，经过多年打拼，也有了一定的积蓄。如今又赶上了电信互联网时代，这部分人员也对手机、电脑有较大的依赖性，这部分人中的女性人员更为突出，她们一直与时俱进奔跑在适应、跟风、赶时髦的路上，购物、消费、支付、娱乐、生活、工作、理财、投资等都是通过手机来完成。他们普遍具有电信网络诈骗犯罪分子实施并完成诈骗所必需的媒介工具或其他必备条件，因此这部分人被电信网络诈骗的概率也比较高。就我国目前电信网络诈骗案件总体发案情况以及综合各类电信网络诈骗的受骗人员的统计分析，青年、中青年、中年人员这三类群体的人员占了受骗人员的绝大多数。在现实生活中，青年、中青年、中年人员在电信网络诈骗犯罪被害人中所占的比例明显高于其他人员。因此在开展"伍什反诈"工作时，就要始终把青年、中青年、中年人员作为"伍什反诈"易被诈骗风险评估的主要评估对象，进行全面及时准确评估。

接着我们再说一下单项普险性重点。单项普险性重点是针对每一项电信网络诈骗类型的主要受骗群众而言的。比如针对退休老年人的以提供"养老服务"、投资"养老项目"、销售"养老产品"、宣称"以房养老"、代办"养老保险"、开展"养老帮扶"等为名义的电信网络诈骗，以及针对老年人的传销诈骗、集资诈骗、迷信诈骗、保健品诈骗；针对家庭妇女的网络刷单诈骗、进修培训诈骗、微商传销诈骗、孩子出事诈骗；针对大学生的教育补贴诈骗、"校园贷"款诈骗；针对公司白领的 QQ 诈骗、机票诈骗、金融交易诈骗；另外还有冒充领导诈骗、冒充消防人员诈骗等。

无论是显险性重点还是隐险性重点、普险性重点，三者是相互联系、相互交叉、相互渗透的，不能将三者单独割裂开来，在开展"伍什反诈"工作时，要将三个重点的风险因素综合考虑其中，只有这样，才能完整准确地理解"伍什反诈"突出重点原则的含义。

"伍什反诈"工作开展后，要将易被诈骗红色高风险防范实操组人员、易被诈骗黄色中风险防范实操组人员作为重点对象加强管理开展工作，特别是针对易被诈骗红色高风险防范实操组人员，要作为重点配齐配强易被诈骗红色高风险防范实操组组长，严格按照"三问三看、两提醒、一汇报"的要求落实到位，防止出现边开展"伍什反诈"，边有人被诈骗的问题。

（三）"伍什反诈"要坚持统计分析原则

坚持统计分析，对于"伍什反诈"工作展开实施起着非常重要的作用。《孙子兵法》云"知己知彼，百战不殆"。只有充分掌握了开展"伍什反诈"区域、群体、村居、企事业单位、居民小区的各种相关因素，对于开展"伍什反诈"的其他工作，才能做到心中有数，有条不紊。

"伍什反诈"工作统计分析的目的和要求主要有两条。

第一条是要依据"伍什反诈"三大工作重点（即：易被诈骗风险"显险性重点""隐险性重点""普险性重点"）的判定标准进行统计分析，找出"伍什反诈"三个工作重点所对应的区域、村居、社区、居民小区、企事业单位、重点人群。

第二条是依据"伍什反诈"易被诈骗风险评估的五大条件，对已找出的"伍什反诈"工作重点区域、村居、社区、居民小区、企事业单位、重点人群的各种相关因素进行统计分析，为下一步"伍什反诈"工作的开展提供有力的支撑。

作为主抓"伍什反诈"工作的区县公安分局、乡镇（街道）公安派出所，在"伍什反诈"工作实施之前，首先要做的是通过统计分析，确定出"伍什反诈"易被诈骗风险重点区域、村居、社区、居民小区、企事业单位、重点人群，然后进行更加具体的相关因素的统计分析。只有做到底数清、情况明、重点突出，工作起来才能得心应手，收放自如。

下面我们谈一谈具体的做法。

第一，要对开展"伍什反诈"区域、群体、村居、企事业单位、居民小区内发生的电信网络诈骗案件进行统计分析。作为区县公安分局、乡镇（街道）公安派出所，要对本区县、本辖区一个时期内的电信网络诈骗案件的案件种类、发案数值高低、发案地点集中分散等情况进行分析，确定工作方向和目标，安排"伍什反诈"工作任务。

第二，要对开展"伍什反诈"区域、群体、村居、企事业单位、居民小区内电信网络诈骗的被害人进行统计分析。对电信网络诈骗犯罪被害人的统计分析，要尽量做到与每一位被害人进行座谈了解，重点了解电信网络诈骗犯罪的被害人在被诈骗时的心理、性格、文化、职业、家庭、各种行为习惯等主客观表现，掌握每一位被害人被骗的真实原因及被骗过程中表现出来的状态特征，并使用易被诈骗评估表对其进行一次全面的风险再评估。在此基础上再针对诈骗类型等内容，分门别类地进行统计分析，从而为"伍什反诈"工作的开展提供更为可靠的现实条件。为确定易被诈骗红色高风险的下限分值，提供更加客观准确的依据。

第三，在易被诈骗风险评估前，要对确定开展"伍什反诈"工作的村居、社区、小区、企事业单位、大专院校等单位的情况进行统计分析。

首先，要按照要求统计需要进行易被诈骗风险评估的人员。哪些人员是易被诈骗风险评估统计的对象呢？综合对易被诈骗风险"显险性重点""隐险性重点""普险性重点"以及易被诈骗风险评估的五大条件的分析，所谓万变不离其宗，为横向到边，纵向到底，做到不漏一人，主要统计以下三类人员：统计持有智能手机，持有智能手机并安装有支付宝、微信支付、QQ支付、直播打赏等具有转账功能的应用或绑定银行卡的人；统计持有老年手机，持有老年手机且有银行卡、存款的人；统计家里安装宽带且有电脑、有上网卡，且有银行卡、网银、存款的人。统计上述三种人的年龄、职业（应写明：行政单位、事业单位、企业、公司、个体经营、打工、退休、无业等情况）、收入情况（应写明是什么收入水平以及收入的来源）。并将统计的情况，填报开展"伍什反诈"单位人员基本信息统计表。

其次，是找村居、社区、小区、企事业单位的工作人员走访座谈了解开展"伍什反诈"工作单位整体的历史发展沿革、人文环境、住房收入、出行消费、购物投资等情况。

最后，是对统计的单位人员基本信息统计表情况以及走访座谈了解的情况进行综合分析，从而确定易被诈骗风险评估的人员范围数量。

第四，在易被诈骗风险评估后，还要对评估的结果进行统计，将评估的分值由高到低进行统计排列，特别是要依据红色高风险人员的平均下限分值，将易被诈骗红色高风险人统计出来后，结合村居、社区干部、工作人员、网格员、小区物业工作人员了解的情况，以及其他人员（包括家庭成员、近亲属、家族成员、同学、战友、朋友、同事、近邻等）对被评估人员日常表现的反映进行综合考量，从而确定被评估人的易被诈骗风险等级。

第五，作为区县公安分局，在"伍什反诈"工作中要唱主角，把"伍什反诈"工作作为主责主业抓好落实。要根据上级（公安部、省公安厅、市公安局）有关防范电信网络诈骗犯罪的部署要求，结合上级下发的关于防范电信网络诈骗犯罪的情况的各类文件通报等内容，定期对一个时期内的电信网络诈骗案件的发案数高低及发案区域、发案群体、案件种类、特征等进行统计分析，为分局、派出所的"伍什反诈"工作提供更加科学精准的数据支撑，指导和帮助派出所有针对性地开展"伍什反诈"工作。

附："伍什反诈"人员基本情况统计表（见 129 页）

（四）"伍什反诈"要坚持因地制宜原则

要因地制宜、因势利导、因时制宜，把握特点、找准难点、想方设法破解痛点，扎实推进，抓出成效。

一是在确定易被诈骗红色高风险人员的下限分值时要因地制宜。因地域、人文、社会环境、经济贫富等存在着差异，电信网络诈骗的被害人所表现出来的特征也有一定的差异，在开展"伍什反诈"工作前，我们不能把通过评估其他地区的电信网络诈骗被害人所得出的易被诈骗红色高风险人员的下限分值，生搬硬套到我们要开展"伍什反诈"工作区域内，作为易被诈骗红色高风险人员的下限评估分值。而应该选择开展"伍什反诈"工作区域内的电信网络诈骗被害人作为样本，进行易被诈骗风险评估，从而得出区分易被诈骗红色高风险人员与易被诈骗黄色中风险人员的下限分值。只有这样，才使易被诈骗风险评估更具有客观现实性。

二是在采取什么样的风险评估方法上要因地制宜。在前面段落我们重点说明了易被诈骗风险常规评估、易被诈骗风险重点评估、易被诈骗风险随机评估三种评估方法，在这里不再赘述。这里要重点说明的是易被诈骗风险入户评估、易被诈骗风险个别评估、易被诈骗风险集中评估的问题，只有因地制宜，将易被诈骗风险入户评估、易被诈骗风险个别评估、易被诈骗风险集中评估相结合，才能做到不落一人，全面评估。易被诈骗风险入户评估主要针对的是居家养病、身体残疾、年老体弱、行动不便的人员；易被诈骗风险个别评估主要是针对顾及隐私不想让别人知道自己的情况，或因工作忙碌等其他原因没有时间参加评估的人员；易被诈骗风险集中评估主要是针对大多数企业事业单位而言的，村居、社区内的大多数人也可以通过集中评估进行。

三是在设定易被诈骗风险防范实操组的数量上要因地制宜。主要是针对"伍什反诈"工作人员数量多少的情况而言的。在实际工作中，如果"伍什反诈"工作人员数量较少，把"伍什反诈"易被诈骗风险防范实操组分得过多，就无法正常顺利地开展工作，就会出现一个组长管理多个组的情况，就会出现工作不扎实、走过场、凑合、应付的现象。

四是选配"伍什反诈"易被诈骗风险防范实操组长、易被诈骗风险管理反馈组长、易被诈骗风险问题汇总组长，要因地制宜。"伍什反诈"工作对象大多是基层村居、社区、企业事业单位、居民小区，这些基层的村居、社区、企业事业单位、居民小区的管理服务工作人员，长期担负各种各样的工作，人员少事务多。"上边千条线，下边一根针"这句话就比较形象地描述了基层工作人员工作的真实情况。在选配各类组长时，绝不能求全责备，鸡蛋里挑骨头。我们不仅要看到他们的缺点，还要清醒地看到他们的优势。因此，尽管这些基层工作人员文化等各项素质参差不齐，有些工作人员的素质不一定能够达到我们所需的要求，我们在开展"伍什反诈"工作时，还是要充分发挥这些基层工作人员实践工作能力强的优势，加强培训和指导，充分发挥他们人熟、地熟、情况熟的独特优势，鼓励他们以积极的态度投入到"伍什反诈"工作中去。

五是对于不属于行政事业单位、村居、企业、公司等单位隶属管辖的，比较复杂的，物业、业委会机构设置不完善、发挥作用不到位，网格员、楼长、单元长等未设立的，涉及多个单位、居住人员成分复杂的小区，作为社区应整合资源，根据工作需要，合理选配人员协助社区工作人员、物业工作人员、业主委员会人员、网格员、楼长、单元长开展"伍什反诈"工作，将"伍什反诈"工作落到实处。

（五）"伍什反诈"要坚持走群众路线原则

走群众路线，就是要坚持一切为了群众、一切依靠群众，"从群众中来，到群众中去"，即"将群众的意见（分散的无系统的意见）集中起来（经过研究，化为集中的系统的意见），又到群众中去作宣传解释，化为群众的意见，使群众坚持下去，见之于行动，并在群众行动中考验这些意见是否正确。然后再从群众中集中起来，再到群众中坚持下去。如此无限循环，一次比一次地更正确、更生动、更丰富"（《毛泽东选集》第3卷第899页）。坚持群众路线，就可以在实际的"伍什反诈"工作中克服主观主义和官僚主义、形式主义。

坚持走群众路线要做到四个力戒：

力戒动不动就下达命令指示，让群众执行，抑制群众参与"伍什反诈"的创造力。

力戒动不动就对工作指手画脚，让群众无所适从，不知道工作该怎么干。

力戒动不动就求全责备，说群众这也不行那也不行，使群众产生逆反心理反感情绪。

力戒奖励、补贴等措施不兑现，开空头支票失信于民的现象，挫伤群众参与"伍什反诈"工作的积极性。

警力有限，民力无穷。要坚持把群众当家人，把民事当家事，对群众用真情、表实意，与群众打成一片，处处为群众利益着想，尊重群众的意见和创造，真正让广大群众自觉参与到"伍什反诈"的活动中来，人人为反诈工作献策出力，形成群防群控的良好局面。

第八节 "伍什反诈"实施的方法步骤

开展"伍什反诈"工作,应严格按照规定的方法步骤实施。开展"伍什反诈"的方法步骤是:

(一)成立"伍什反诈"工作组织机构

要及时成立"伍什反诈"工作领导组、工作指导调度攻坚组、易被诈骗风险综合评估组、易被诈骗风险问题汇总组、易被诈骗风险管理反馈组、易被诈骗风险防范实操组。

我们有些同志可能会问,为什么在开展"伍什反诈"时要成立六个组呢?能不能不用成立这六个组就直接开始干呢?这个问题问得好,我们大家都知道,无论是在机关,还是在基层,无论在行政事业企业单位,还是在民间团体,只有在组织的架构下才能顺利完成各项工作任务。其实在现实工作生活中,很多人对于组织工作是不清楚的。

在这里我们首先科普一下什么是组织工作。

组织工作作为一项管理职能是指对组织目标所必须进行的各项业务活动加以分类组合,并根据管理宽度原理,划分出不同的管理层次和部门,将监督各项活动必需的职权授予各层次、各部门的主管人员,以及规定这些层次和部门间的相配合关系。其目的就是要通过建立一个适于组织成员相互作用、发挥各自才能的良好环境,从而消除工作或职责方面所引起的各种冲突,使组织成员都能在各自的岗位上为组织目标的实现做出应有的贡献。组织工作的这个职能是因人类在生产劳动中需要合作而产生的，正如巴德所强调的那样，人类由于受到生理的、心理的和社会的种种限制，为了达到某种目的就必须进行合作，而合作之所以能有更高的效率、能更有效地实现某种目标，在多数情况下就是由于有了组织结构。因此，从组织工作的含义看，设计、建立并保持一种组织结构，基本上就是主管人员的组织工作职能的内容。具体地说，组织工作职能的内容包括以下四个方面：

（1）根据组织目标设计和建立一套组织机构和职位系统；

（2）确定职权关系，从而把组织上下左右联系起来；

（3）与管理的其他职能相结合，以保证所设计和建立的组织结构有效运转；

（4）根据组织内外部要素的变化，适时调整组织结构。

从组织工作的含义及具体内容来看，组织工作职能具有以下特点。

设计、建立并维持一种科学的、合理的组织结构，是为成功地实现组织目标而采取行动的一个连续的过程，这个过程由下列逻辑步骤组成：

（1）确定组织目标；

（2）对目标进行分解，拟定派生目标；

（3）明确为了实现目标所必需的各项业务工作或活动，并加以分类；

（4）根据可利用的人力、物力以及利用它们的最佳途径来划分各类业务工作或活动；

（5）授予执行有关各项业务工作或活动的各类人员以职权；

（6）通过职权关系和信息系统，把各层次、各部门联结成为一个有机整体。

这个过程的前两步实际上是组织工作的依据，有了这个依据，组织工作才有必要和可能进行，其后几步才真正是组织 工作的实质内容。一般地，组织工作实务同这个过程是相吻合的。主管人员解决在工作或职责方面的矛盾和冲突，建立起一种适合组织成员互相默契配合的组织结构。

组织工作过程的结束，其最终表现或最终成果就是一系列的组织系统和职务说明书。组织系统图描述的是一个组织内部的各种机构（包括各个部门），以及其中相应的职位和相互关系。而职务说明书则是详细规定了各职务的职权和职责以及与其相关的上下左右的关系。

通过组织工作建立起来的组织结构不是一成不变的，而是随着组织内外部要素的变化而变化的。由于任何组织都是社会系统中的一个子系统，它在不断地与外部环境进行能量、信息、材料等的输入输出，而这种输入输出一般都会影响到组织目标。随着时间的推移，未来的目标由于环境变化，可能不太适宜了，那么这时依据计划工作中的改航道原理，必须根据环境条件的变化，不断地修正目标。目标的变化自然会影响到随同目标而产生的组织结构，为使组织结构能切实起到促进组织目标实现的作用，就必须对组织结构做出适应性的调整。此外，即使组织的内外要素的变化对组织目标影响不大，但随着社会的进步，科学技术的发展，原有的组织结构已不能高效地适应实现目标的要求时，也需要进行组织结构调整和变革。所以，我们说组织工作具有动态的特点。根据这一特点，具体从事组织结构调整时，前述的组织工作过程的逻辑步骤基本上是适应。但其中应加上对现有组织结构进行分析这一步骤。

我们前面讲述这么多关于组织工作的内容，其目的就是让大家知道我们成立"伍什反诈"六个组的目的和意义，只有做到知其然、知其所以然、知其所以必然后，才能自觉接受"伍什反诈"的组织领导、指导、管理、监督、考核，服从"伍什反诈"各项命令指示并认真贯彻执行。

具体工作要求在第五节（"伍什反诈"易被诈骗各类风险组、工作组怎样编组）中已有详细论述，在此不再赘述。

（二）测评电信网络诈骗被害人，确定易被诈骗高风险下限分值标准

测评电信网络诈被害人，确定易被诈骗高风险下限分值标准，就要符合

属地测评，能测尽测，选取时间跨度适中，涵盖诈骗类型齐全的要求。

属地测评，就是对开展"伍什反诈"区域内的电信网络诈骗被害人进行被诈骗风险评估。因被测评的电信网络诈骗被害人，本身就是开展"伍什反诈"区域的群众中的一分子，所以对开展"伍什反诈"区域内的电信网络诈骗被害人进行测评，其测评的被诈骗风险评估结果，更具有真实性，其结果以及确定的易被诈骗风险下限分值标准，更容易让其他易被诈骗风险被评估人接受，更具有说服力。

能评尽评，指的是被评估的电信网络诈骗被害人的数量问题，参加评估的人数越多，最后评估的结果就越带有普遍性，确定的易被诈骗风险下限标准越具有可靠性。

选取时间跨度适中，一是指选取的电信网络诈骗被害人被诈骗的时间距离我们现在开展"伍什反诈"易被诈骗风险评估的时间不能太远。现在社会科技发展日新月异，如果选取的电信网络诈骗被害人被骗的时间较久远，就不能真正反映当下电信网络诈骗犯罪的特点和规律，就不能真正反映当今电信网络诈骗被害人各方面的真实情况，对我们制订标准造成误判误导。二是指选取的电信网络诈骗被害人被骗的时间距离我们现在开展"伍什反诈"易被诈骗风险评估的时间不能太近。因时间距离较近，供我们选取的电信网络诈骗被害人也会较少，这样测评出来的易被诈骗风险评估结果以及由此确定的易被诈骗红色高风险下限标准，就很难带有普遍性，其准确度就可能打折扣。这个时间跨度应选取被诈骗时间距离开展"伍什反诈"易被诈骗风险评估的时间在两年以内的电信网络诈骗被害人为宜。

涵盖诈骗类型齐全，这个很好理解，就是尽量选取不同类型的电信网络诈骗的被害人作为评估对象。如果本派出所辖区发的案件不能满足此要求，可将分局的其他各方面要求与之相近的派出所辖区内的不同类别的电信网络诈骗被害人作为评估对象进行易被诈骗风险评估，从而确定易被诈骗红色高风险下限标准。这样评估并确定的易被诈骗红色高风险下限标准就更加具有代表性。

只有按照上述四项要求对开展"伍什反诈"工作区域内的电信网络诈骗被害人进行测评，确立该区域划分易被诈骗高风险人员的下限分值标准，才能为下一步所进行的"伍什反诈"易被诈骗风险评估划分等工作提供标准及条件。

具体要求在第四节（"伍什反诈"易被诈骗风险评估、等级划分及注意事项）中的内容（二）易被诈骗风险评估、划分等级的方法已做说明，在此不再赘述。

（三）统计分析，确定评估范围

统计分析，确定评估范围。就是要做到摸排情况要全面，统计数字要准确，评估重点要明晰，其他人员要兼顾。

摸排情况要全面，指的是在调查研究走访座谈过程中，要深入社区、村居、企事业单位、居民小区等，与人民群众、与各级各类人员了解情况，与电信网络诈骗有关的信息，无论宏观还是微观的情况都要了然于心，全面掌握。不轻信哪一个人的意见，不放过每一个细节，不轻易下结论，始终把没有调查研究就没有发言权，作为工作的根本要求，把真实的有价值有帮助的信息摸上来，为分析决策提供有力的证据支撑。

统计数字要准确，这一条是非常关键的。如果对准备开展"伍什反诈"工作的社区、村居、企事业单位、居民小区等的各类人员的数量统计不准确，就有可能给后期的"伍什反诈"工作造成意想不到的问题。在我们实际的工作中，往往就是个别的人发生了个别的事，给全局工作造成了麻烦。

评估重点要明晰，就是说在"伍什反诈"的准备期，如果把准备开展"伍什反诈"工作的社区、村居、企事业单位、居民小区等的所有人员都进行易被诈骗风险评估，势必会明显增大工作量，延长工作时间，增加工作成本。因为事实上，在准备开展"伍什反诈"工作的社区、村居、企事业单位、居民小区等的各类人员，有相当一部分人员是很难和电信网络诈骗沾上边的，尽管电信网络诈骗分子无所不用其极，诈骗手段不断升级，花样不断翻新，但电信网络诈骗犯罪无论如何都是要通过手机、电脑等现代办公生活工具来实现的。对于没有手机、电脑等办公生活工具，或不需要不接触手机、电脑等办公生活工具的人员，无论电信网络诈骗分子的诈骗手段如何高明，花样如何新奇，都是无济于事的。因此在确定易被诈骗风险评估范围时就要把评估的重点人员、重点人群、重点年龄段等都统计清楚，使评估重点明晰可见。

其他人员要兼顾，就是说在统计分析确定评估范围这个步骤中，虽然我们明晰了评估重点，但这个重点只是理论概念上的重点，在实际工作中，这个重点是难以做到准确无误的，甚至还带有很大的不确定性，它只是一般意义上的重点。如果我们在评估的过程中，只对这个重点进行评估，是不能完全代表易被诈骗群体的。因此，我们在基本确定了重点评估的人员后，还要考虑其他人员易被诈骗的可能性，只有突出重点兼顾一般，才能较为全面完整地做好评估工作。

具体要求在第七节（"伍什反诈"应坚持的原则）中的内容（三）"伍什反诈"要坚持统计分析原则，第四节（"伍什反诈"易被诈骗风险评估、等级划分及注意事项）中（二）易被诈骗风险评估、划分等级的方法、（三）"伍什反诈"易被诈骗风险评估并划分风险等级时的注意事项，已做说明，在此不再赘述。

（四）初测初评、综合评估确定易被诈骗风险等级

初测初评、综合评估确定易被诈骗风险等级，是直接关系着整个"伍什反诈"工作成效的大事。若要把初测初评、综合评估确定易被诈骗风险等级这项工作做好，使"伍什反诈"的易被诈骗风险防范重点人员能够水落石出，一目了然，清晰可见，就必须做到严谨细致，认真负责，考虑周到，综合考量，准确无误。任何应付差事、走过场、差不多的思想、工作作风都是要不得的。

　　具体要求在第四节("伍什反诈"易被诈骗风险评估、等级划分及注意事项)中的内容(二)易被诈骗风险评估、划分等级的方法已做说明,在此不再赘述。

(五)分类编组,确定组长,组织培训

　　分类编组,确定组长,组织培训。就是要把握好"区分等级,合理编组;思想为先,能力相当;删繁就简,突出精要"的要求。

　　区分等级,合理编组。就是按照综合评估后划分出风险等级,将人员分别编入相应的红色高风险、黄色中风险、蓝色低风险易被诈骗风险防范实操组内,编入各风险组内的人员数量要符合各类风险组设定的人员数量。编组数量及每组人员数量多少取决于各类易被诈骗风险人员多少和易被诈骗风险防范实操组组长人数的多少。

　　思想为先,能力相当。易被诈骗风险防范实操组长、易被诈骗风险管理反馈组长、易被诈骗风险问题汇总组长,是"伍什反诈"工作中值守在前沿,工作需实干,作用最关键的岗位。这就需要确定的各组长在思想上要做到有责任心、有耐心、有公益公德心;在能力方面,只要有一定文化基础、沟通能力、实践能力,群众信任不排斥,群众基础好就可以了。

　　删繁就简,突出精要。指的是对易被诈骗风险防范实操组长、易被诈骗风险管理反馈组长、易被诈骗风险问题汇总组长的"伍什反诈"工作能力培训的问题。由于这三类组长,来自基层,他们的工作作风更注重于实践,他们往往还有其他工作等着要去做,因此在对他们进行培训时,应力戒大话、套话、空话,力戒长篇大论,内容要直指重点、切中要害,要选少而精的内容,通俗易懂的语言。每节课培训的时间不宜过长,只要让他们知道在"伍什反诈"工作中,担任什么角色、担负什么任务、怎么完成任务、任务完成到什么程度,把这些最关键最要紧的内容问题讲清楚就可以了。要注重对各组长边干边学的理论点拨及实践操作两个方面的业务指导,要鼓励组长之间的相互学习和交流,形成互帮互助互教互学的良好氛围。

具体要求在第五节("伍什反诈"易被诈骗各级风险组、工作组怎样编组)、第六节("伍什反诈"各级组长的选配、职责要求)中已做说明,在此不再赘述。

(六)展开实施,履职尽责

展开实施,履职尽责。就是要做到按部就班,方法灵活,换位思考,真诚守护。

按部就班,就是指"伍什反诈"易被诈骗风险问题汇总组长、管理反馈组长、防范实操组长,要在"伍什反诈"指导调度攻坚组的指导下,严格按照"伍什反诈"的步骤、顺序认真履行各自的职责要求,要把每个步骤、每项工作落实到位,不搞过度变通,不搞花样,不偷工减料,要一步一个脚印地去完成"伍什反诈"任务。

方法灵活,主要是指"伍什反诈"易被诈骗风险管理反馈组长、防范实操组长,在工作中要讲究方法,不死板教条,不态度生硬,不作风粗暴。特别是"伍什反诈"易被诈骗风险防范实操组长在对待本组的组员开展"三问三看、两提醒、一汇报"时,要做到因人而异,讲究方法,保护组员配合"伍什反诈"的积极性。

换位思考,真诚守护。就是说"伍什反诈"易被诈骗风险防范实操组长,要始终站在组员的角度,真心体谅组员对待"伍什反诈"的心态,多理解、多交流、多沟通,放低身姿,与人民群众真正打成一片,做人民群众的贴心人,暖心人。用真情实感,诚心诚意地帮助群众守好自己的钱袋子。

具体要求在第六节("伍什反诈"各类组长的选配、职责要求)中的内容已做说明,在此不再赘述。

(七)调度检查、讲评小结、考核验收

若要"伍什反诈"工作取得良好效果,善始善终地完成"伍什反诈"工作任务,及时调度检查,客观讲评小结,严格考核验收,也是必不可少的工

作要求。

及时调度检查，是指"伍什反诈"指导调度攻坚组，不仅要对"伍什反诈"总体工作任务、工作进度、工作质量、工作标准、工作要求进行全过程把控，而且要在工作开展每一个环节、每一个步骤、每一项工作的具体事宜上做到及时指导、适时检查，及时纠正，及时提出解决办法。

客观讲评小结，是指"伍什反诈"指导调度攻坚组在月讲评、季小结时，要秉承实事求是理性客观的态度，认真总结优点和成绩，严肃查找短板和问题，要对成绩不夸大，对问题不遮掩。一是一，二是二，树立求真务实的工作作风，倡导说真话、干实事、真做事的风气。

严格考核验收，就是要按照考核目标明确，标准清楚，流程简单，严格考核的要求，对"伍什反诈"工作完成效果、工作落实情况两个方面的六条要求进行考评，不能虎头蛇尾、马马虎虎、简单应付、草草了事。要制订切实可行的"伍什反诈"工作考核验收方案，并在"伍什反诈"工作考核验收方案的基础上，结合各工作组及工作组长的职责要求，制订更加具有针对性的"伍什反诈"工作领导组考核细则、"伍什反诈"易被诈骗风险综合评估组考核细则、"伍什反诈"工作指导调度攻坚组考核细则、"伍什反诈"易被诈骗风险问题汇总组考核细则、"伍什反诈"易被诈骗风险管理反馈组考核细则、"伍什反诈"易被诈骗风险防范实操组考核细则。要通过考核进一步摸清"伍什反诈"工作底数，通过考核进一步找准"伍什反诈"工作中存在的问题，通过考核进一步修正完善"伍什反诈"工作机制。

具体要求在第六节（"伍什反诈"各类组长的选配、职责要求）中的内容（三）"伍什反诈"指导调度攻坚组组长的选配、职责要求中已做说明，在此不再赘述。

附："伍什反诈"工作考核验收方案（见130页）

第九节　"伍什反诈"奖励激励
实施细则的制订要求

　　坚持依靠各级党委、政府的支持和帮助。区县财政应研究拿出专项资金，用于"伍什反诈"的各项工作的开展，根据实际情况及客观条件，确定具体奖励激励条目，因地制宜制订切实可行的奖励激励实施细则，落实各项奖励激励措施，确保"伍什反诈"工作扎实推进。

（一）"伍什反诈"奖励激励实施细则制订的总体要求

　　要坚持客观公正、贴近工作、注重实绩、群众公认、简便易行的原则。

（二）"伍什反诈"奖励激励实施细则制订内容要全面

　　要涵盖"伍什反诈"的每一个工作环节。依托"伍什反诈"的七大步骤，把"伍什反诈"的每一个工作环节中所涉及工作的要求、标准、效果体现出来，对每个工作环节中所涉及的工作情况好与差都要有个说法。

（三）"伍什反诈"奖励激励实施细则制订要体现重视一线、重视实战

　　第一，突出对"伍什反诈"易被诈骗风险防范实操组长、"伍什反诈"易被诈骗风险管理反馈组长、"伍什反诈"易被诈骗风险问题汇总组长的奖励激励。

第二，在奖励的比重上，"伍什反诈"易被诈骗风险防范实操组长、"伍什反诈"易被诈骗风险管理反馈组长、"伍什反诈"易被诈骗风险问题汇总组长的比重，要高于"伍什反诈"其他工作组的比重。

第三，"伍什反诈"易被诈骗各类风险防范实操组，实行认领承包责任制，各组所承担的工作风险压力有所不同，要相对提高"伍什反诈"易被诈骗红色高风险防范实操组组长、易被诈骗黄色中风险防范实操组组长的奖励比重，适度奖励"伍什反诈"易被诈骗蓝色低风险防范实操组组长、"伍什反诈"易被诈骗风险管理反馈组组长、"伍什反诈"易被诈骗风险问题汇总组长。

第四，对"伍什反诈"各级工作组人员的奖惩，要从实际出发，充分考虑工作中的差异化等特殊情况，同级组长的奖励比重也要有所区别，必要时可与工作绩效挂钩，对工作突出、防范工作做得好的组长适当提高比重，反之要适当降低比重。

第五，对于"伍什反诈"易被诈骗风险防范实操组长、"伍什反诈"易被诈骗风险管理反馈组长、"伍什反诈"易被诈骗风险问题汇总组长的奖励，以物质奖励为主，精神奖励为辅；对"伍什反诈"指导调度研攻坚组、"伍什反诈"易被诈骗风险综合评估组、"伍什反诈"工作领导组人员的奖励，要着眼实绩，采取精神奖励为主，物质奖励为辅，根据工作需要或结合半年总结、年终总结，进行单项表彰奖励或综合表彰奖励。

第六，经济财政条件较好的乡镇（街道）、社区、村居、企事业单位，应考虑适当给予"伍什反诈"易被诈骗风险防范实操组长、"伍什反诈"易被诈骗风险管理反馈组长、"伍什反诈"易被诈骗风险问题汇总组长一定的工作补助，以保持和提高"伍什反诈"防范工作的积极性，保证"伍什反诈"防范工作的持续性、长期性。

第七，对于"伍什反诈"易被诈骗预警信息员的奖励，要根据预警信息员在实际工作中所起的作用，所提供的信息是否对"伍什反诈"工作有价值等情况，对预警信息员的工作进行考察后，即时、及时给予奖励。

（四）"伍什反诈"奖励激励实施细则制订要体现奖励为主，处罚为辅，及时奖励，慎用处罚措施的原则

对于工作中发现有被诈骗倾向和征兆人员并及时进行预警劝阻成功的，应及时给予奖励。对查证属实因工作中不尽心、不履责，造成"伍什反诈"易被诈骗各类风险防范实操组人员有上当受骗的，依据奖励激励实施细则予以处罚。对于工作人员违反工作纪律，造成严重后果的，应依纪依规严肃处理。对于"伍什反诈"各个阶段的工作都应建立责任复盘倒查登记表，要把板子打到具体人身上。

（五）"伍什反诈"奖励激励实施细则制订，要体现考核验收的结果，把考核验收的结果作为制订奖励激励实施细则重要条件

要用"伍什反诈"工作考核验收方案对"伍什反诈"工作的全过程，进行总体性、综合性考核验收，总结成绩、经验，找出问题和不足。要用"伍什反诈"工作领导组考核细则、"伍什反诈"易被诈骗风险综合评估组考核细则、"伍什反诈"工作指导调度攻坚组考核细则、"伍什反诈"易被诈骗风险问题汇总组考核细则、"伍什反诈"易被诈骗风险管理反馈组考核细则、"伍什反诈"易被诈骗风险防范实操组考核细则，对各工作组及组长进行分类考核，为"伍什反诈"的奖励激励措施的制订提供更加可靠精准的依据。

第十节 坚持开展"伍什反诈"工作
防范杜绝电信网络诈骗

电信网络诈骗犯罪成本低，高额利益诱惑性大，诈骗对象选择面广，诈骗手段方式多样变化快，犯罪分子隐蔽性强，极易实施诈骗成功，案件侦破比较难，被骗金额难追回。电信网络诈骗犯罪顽固性反复性强的特点，注定其在当前乃至将来的一段时间里会长期存在。幻想毕其功于一役地彻底铲除，是难以做到的。我们必须长期不间断地坚持开展"伍什反诈"，才能不断防范杜绝电信网络诈骗。

一是坚持和加强党委政府对"伍什反诈"工作的全面领导，确保"伍什反诈"工作的正确方向，更好发挥"伍什反诈"的显著优势和重要作用。"伍什反诈"是党委政府领导人民群众，积极开展反电信网络诈骗工作实践的集中体现。各级党委政府要坚持和加强对"伍什反诈"工作坚强领导，融合各方力量、资源、手段，放手发动群众，使各级组织、各个部门职责明晰，各司其职，步调一致，保证"伍什反诈"的全面贯彻和有效实施。

二是把开展"伍什反诈"贯穿到反电信网络诈骗工作的全过程，不断提高各级"伍什反诈"的实战能力。电信网络诈骗分子实施诈骗活动，离不开金融、通信、互联网等业务，他们利用这些技术和服务实施骗术、转移资金等，钻行业管理漏洞，采取各种包装手法逃避打击。面对新形势新任务新挑战，我们要大胆地试、大胆地闯，把"伍什反诈"贯穿到反电信网络诈骗工作的全过程，不断丰富完善"伍什反诈"的内涵，不断提高各级"伍什反诈"

的实战能力，就能使防范电信网络诈骗有章可循、有招可用；就能使防范电信网络诈骗案件更加精准，真正管住那些容易上当受骗的人；就能使电信网络诈骗案件频发的不可控性，变成可防可控。

三是健全保证"伍什反诈"工作实施的制度体系，不断提高"伍什反诈"实施和监督水平。健全保证"伍什反诈"全面实施的制度体系，必须坚持"伍什反诈"规定、"伍什反诈"原则、"伍什反诈"要求的全面贯彻，坚持"伍什反诈"实施、"伍什反诈"解释、"伍什反诈"监督系统推进，确保"伍什反诈"得到完整准确全面贯彻。要完善"伍什反诈"相关直接实施工作机制，充分发挥"伍什反诈"在反电信网络诈骗犯罪工作中的特殊作用，要完善"伍什反诈"监督制度，推进"伍什反诈"监督的规范化、程序化建设。

四是加强"伍什反诈"的理论研究和宣传工作，不断提升"伍什反诈"理论说服力和实践作用力。"伍什反诈"的根基在于人民群众发自内心对"伍什反诈"防范电信网络诈骗管用论的相信，"伍什反诈"的力量在于人民群众对"伍什反诈"能够使电信网络诈骗犯罪案件做到可防可控的信心。要完善宣传教育工作格局，要通过各种形式持续深入开展"伍什反诈"宣传。要结合"伍什反诈"制度和"伍什反诈"实践，加强"伍什反诈"理论研究，提炼标志性概念、原创性观点，加强对"伍什反诈"学科体系、学术体系、话语体系建设。

五是强化科技在"伍什反诈"工作中的应用，保证"伍什反诈"与时俱进应对电信网络诈骗手段的不断升级、类型的不断变化。电信网络诈骗本质上是网络黑色产业链掌握大量技术后，利用信息不对称来骗取钱财的行为。电信网络诈骗犯罪利用黑技术、钓鱼链接、木马、伪基站等，采用"割韭菜"的方式，雇人行骗。电信网络诈骗分子利用人工智能技术既会采取广撒网的方式进行违法犯罪活动，也会在掌握受害者足够个人信息的前提下实施精准诈骗。"伍什反诈"工作必须做到与时俱进，不仅在方法上提高，也要在依靠科技反诈上下功夫。2022 年 12 月，《中华人民共和国反电信网络诈骗法》

（以下简称《反电信网络诈骗法》）的正式施行，明确："国家支持电信业务经营者、银行业金融机构、非银行支付机构、互联网服务提供者研究开发有关电信网络诈骗反制技术，用于监测识别、动态封堵和处置涉诈异常信息、活动。"《反电信网络诈骗法》还提到："有关部门、单位在反电信网络诈骗工作中应当密切协作，实现跨行业、跨地域协同配合、快速联动，加强专业队伍建设，有效打击治理电信网络诈骗活动。"《反电信网络诈骗法》明确规定："电信业务经营者、互联网服务提供者应当采取技术措施，及时识别、阻断非法设备、软件接入网络，并向公安机关和相关行业主管部门报告。"对于互联网企业和金融机构，尤其要强化内部管理，明确可接触个人信息的岗位权限，并能够溯源倒查；同时建立预案机制和自查自纠机制，一旦信息泄露，可采取技术补救。区县以上各级"伍什反诈"领导组，要协调各电信业务经营者、银行业金融机构、非银行支付机构、互联网服务提供者为基层乡镇（街道办事处）一级的"伍什反诈"工作提供强有力的科技支撑、数据支撑。

时代呼唤着我们，人民期待着我们。无论电信网络诈骗犯罪分子的手段如何高明，只要我们始终坚持"伍什反诈"工作常态化运行，坚持问题导向，坚持系统观念，坚持以人民为中心，心里始终想着人民，把人民的利益作为最高利益，想民之所想，急民之所急，矢志不渝、笃行不怠，知难而上、迎难而上，以时不我待，只争朝夕的精神，踔厉奋发，勇毅前行，严肃认真地抓好"伍什反诈"每个工作环节的落实，必能实现全镇（街道办事处）、区（县）、全市、全省乃至全国长时间少发案、偶发案，最终实现零发案的良好局面，人民群众的财产安全必将得到最大限度的保护，必将大大提高群众的安全感和满意率。

"伍什反诈"，天下无诈！

第十一节 "伍什反诈"词语注释

1.伍什：读音 wǔ shí，意思为古代军队以五人为伍，二伍为什。后用以指部队。起源于西周，产生于春秋，形成于战国，确立于秦。五家为伍，十家为什，伍有伍长，什有什长，伍长什长负责闾里治安，一旦发现形迹可疑者要及时上报，使"奔亡者无所匿，迁徙者无所容"（《管子·禁藏》）。

2.电信网络诈骗：《中华人民共和国反电信网络诈骗法》第一章第二条规定，本法所称电信网络诈骗，是指以非法占有为目的，利用电信网络技术手段，通过远程、非接触等方式，诈骗公私财物的行为。

电信网络诈骗，最早于20世纪90年代出现。当时主要手段是在台湾利用发放传单和使用"王八卡"电话（冒名申请的电话卡）的方式对台湾民众进行诈骗，骗子声称被害人中刮刮乐和赌马等大奖，但在领奖前必须先寄出一定额度的税金。在被害人汇出第一笔钱后，诈骗集团再以律师费、手续费、公证费等名目，一次又一次要求被害人汇款，直到被害人醒悟或钱财被榨干为止。由于电信诈骗的成功率较高，不劳而获的金额相对较大，因此很快就成为重要的犯罪形式之一。大批不良分子甚至是曾经拥有良好工作的人都纷纷加入。电信诈骗引发天怒人怨后，打击力度有所加大，诈骗集团开始"产业转移"。

2002年前后，电信诈骗犯罪团伙找到了"新路线"。他们将诈骗基地转移至福建福州，继续利用"王八卡"对台湾民众进行诈骗。这些集团在大陆一般以公司名义运作，一个"公司"一般有雇员四十余人，内部管理严密，层级分明。除少数主管外，基层人员都严格限制外出。这些基层人员在实际操作电话行骗前，都会接受"公司"内部的严格培训，每人都要熟记工作话术后才能上岗操作。"公司"每天都要召开检讨会议，对每一套剧本和话术、每一个"客户"的反应都要经过斟酌并优化，其版本迭代速度和执行力堪比现在的互联网公司。不过随着时间的推移，台湾当地居民因受骗太多已经很少上当。于是骗子们将对象锁定在大陆地区，如此便形成了严密的三级诈骗手法。一级骗子最基层，通常是资历较浅的新手，他们是民众一般接到诈骗电话后第一个交谈的对象；二级骗子经验丰富，主要负责在有人上钩之后，出面扮演具体的角色，例如公安民警或银行主管，加深被害人的信任感和危机感；当被害人对二级骗子深信不疑后，最资深的三级骗子就会登场，对被害人下达转移金钱的具体指令。

大陆最早的电信诈骗团伙在 2002 年前后出现，手法完全翻版原地区。有了犯罪团伙，警方必然打击，随着警方的重点整治，诈骗团伙又逃到深圳。当时的深圳，来自全国各地的人鱼龙混杂。很快电信诈骗的手段像病毒一样扩散至全国，且每个地区的诈骗手法又各有特色，呈现明显的地域特征。不过，大陆与之前的电信诈骗集团有着明显的区别。首先是之前的电信诈骗的产业化程度很高，从话务组到资金组，诈骗的各个环节都有专人承担。各个组之间互不联系，打掉其中一个对犯罪集团而言根本没有关系，很快一个全新的组就会重新组建起来，所以打击起来非常难，往往只能抓到马仔。在大陆的诈骗集团则多是原始操作，呈现明显的家族化特征，因此往往抓到一个就能端掉一个犯罪集团。但最近几年开始，大陆的诈骗集团也开始出现公司运营的雏形，而且往境外转移窝点。随着网络、电脑和智能手机的普及，网络诈骗案件数量开始呈现上升的趋势。犯罪分子通过钓鱼网站、伪基站、盗取 QQ 微信等方式进行诈骗。进入大数据时代，通过互联网，骗子可精准地找到被骗者的姓名、性别、家庭地址、职业、爱好乃至最近关注的事物、当前的状态。

3. "App"：是英文 Application（应用程序）的简称，由于 iPhone 智能手

机的流行，现在的 App 多指智能手机的第三方应用程序。比较著名的 App 商店有 Apple（苹果）的 iTunes（数字媒体播放应用程序）商店里面的 App Store（应用商店）， Android Google Play Store（运行安卓操作系统设备的谷歌应用程序商店），以及微软的应用商城，苹果的 IOS 系统，App 的格式有 ipa， pxl，deb，谷歌的 Android 系统，App 的格式为 APK（后改用 AAB 格式），微软的 WindowsPhone7、WindowsPhone8 系统，App 格式为 xap。一开始 App 只是作为一种第三方应用的合作形式参与到互联网商业活动中去的，随着互联网越来越开放化，App 与 iPhone 的盈利模式开始被更多的互联网商业大亨看重，如腾讯的微博开发平台、百度的百度应用平台都是 App 思想的具体表现，一方面可以积聚各种不同类型的网络受众，另一方面借助 App 平台获取流量，其中包括大众流量和定向流量。

4. 网络链接：是运用网络语言 HTML（Hyper TertMarkup Language）将各网站的名称等直接写在主网站上，写成的文字或标识等指示计算机将点击链接的使用者带领进入所链接的网站，并不需要被链接网站的任何帮助的一种技术。根据链接针对的网站内容顺序不同，链接通常可以分为"普通链接"和"深度链接"两种。普通链接的链接对象是被链接的网页。当浏览者点击链接标志时，浏览器的地址栏上显示的另一种网站的网址，屏幕上显示的全部是被链接网站，浏览者明白地知道：他已经从一个网站跳到另一个网站上。而深度链接的链接对象是被链接网站中的某一具体内容。当浏览者点击链接标志时，计算机会自动绕过被链接网站的首页，直接指向具体内容页。此时如果该网页上没有被链接网站的标志，则浏览者就会被蒙在鼓里，误认为还停留在原来的网站上。

5. "低头族"：是指如今无论何时何地都作"低头看屏幕状，想通过盯住屏幕的方式，把零碎的时间填满的人"。"低头族"有的看手机，有的掏出平板电脑或笔记本电脑上网、玩游戏、看视频，他们低着头是一种共同的特征，他们的视线和智能手机相互交感直至难分难解。"低头族"英文单词

Phubbing 由澳大利亚麦肯和 Macquarie（麦格理）大辞典联手精心杜撰而来，该英文词是 phone（电话）和 snubbing（冷落）两个词的合成词，形容那些只顾低头看手机而冷落面前的亲友的"低头族"。

6. "手机控"：是具有手机情结的群体，也叫低头一族。主要集中在 80 后、90 后、00 后，以学生和上班族居多，而这一群体，学生所占比例更大。"手机控"总把手机带在身边，否则就心烦意乱；经常下意识地寻找手机，不时查看；总有"手机铃声响了"的幻觉，甚至经常把别人的手机铃声当成自己的；当手机无法连接网络、收不到信号时，脾气也变得急躁。

7. "薅羊毛"："薅羊毛"的原意是指穷人给富人家放羊时偷偷地扯一些羊身上的毛，每只都扯很少一点，积少成多，可以用来做衣物等。沿袭春晚小品中白云大妈的"薅羊毛织毛衣"的做法，被定义为"薅羊毛"。所谓"薅羊毛"就是指网赚一族利用各种网络金融产品或红包活动推广下线抽成赚钱，又泛指搜集各个银行等金融机构及各类商家的优惠信息，以此实现盈利的目的。这类行为就被称为"薅羊毛"。"薅羊毛"的定义已经不仅仅局限于互联网金融领域，而且渗透到社会各个领域，外卖优惠券、减免优惠、送话费、送流量等诸多活动，都可以称之为"薅羊毛"。事实上，"薅羊毛"这个词并非天生和 P2P（点对点网络）联系在一起。根据网络解释，"薅羊毛"的群体多以 80 后人群众为主，对银行等金融机构以及各类商家开展的一些优惠活动产生兴趣，从而获得优惠乃至金钱上的回报，也被认为是理财惯用的手法之一。

8. 投资理财：是指投资者通过合理安排资金，运用诸如储蓄、银行理财产品、债券、基金、股票、期货、商品现货、外汇、房地产、保险、黄金、P2P、文化及艺术品等投资理财工具对个人、家庭和企事业单位资产进行管理和分配，达到保值增值的目的，从而加速资产的增长。投资理财一词，最早见于 20 世纪 90 年代初期的报端。随着我国股票债券市场的扩容，商业银行、零售业务的日趋丰富和市民总体收入的逐年上升，"理财"概念逐渐走俏。

9. 虚拟货币：是指非真实的货币。知名的虚拟货币如百度公司的百度币，腾讯公司的 Q 币、Q 点，盛大公司的点券，新浪推出的微币（用于微游戏、新浪读书等），侠义元宝（用于侠义道游戏），纹银（用于碧雪情天游戏）。2013 年流行的数字货币有比特币、莱特币、无限币、夸克币、泽塔币、烧烤币、便士币（外网）、隐形金条、红币、质数币。全世界发行有上百种数字货币。圈内流行"比特金、莱特银、无限铜、便士铝"的说法。根据中国人民银行等部门发布的通知、公告，虚拟货币不是货币当局发行，不具有法偿性和强制性等货币属性，并不是真正意义上的货币，不具有与货币等同的法律地位，不能且不应作为货币在市场上流通使用。公民投资和交易虚拟货币不受法律保护。2021 年 5 月 18 日晚间，中国互联网金融协会、中国银行业协会、中国支付清算协会联合发布《关于防范虚拟货币交易炒作风险的公告》。公告明确表示，有关机构不得开展与虚拟货币相关的业务，同时提醒消费者要提高风险防范意识，谨防财产和权益损失。

10. "买买买"：网络用语，指对于自己喜欢的东西更倾向于购买。

11. 小程序：是一种不需要下载安装即可使用的应用，它实现了应用"触手可及"的梦想，用户扫一扫或者搜一下即可打开应用。也体现了"用完即走"的观念，用户不关心是否安装太多应用的问题。应用将无处不在，随时可用，但又无须安装卸载。

12. 微信公众号：是开发者或商家在微信公众平台上申请的应用账号，该账号与 QQ 账号互通，在平台上实现和特定群体的文字、图片、语音、视频的全方位沟通、互动，形成了一种主流的线上线下微信互动营销方式。

13. 区块链：就是一个又一个区块组成的链条。每一个区块中保存了一定的信息，它们按照各自产生的时间顺序连接成链条。这个链条被保存在所有的服务器中，只要整个系统上有一台服务器可以工作，整条区块链就是安全的。这些服务器在区块链系统中被称为节点，它们为整个区块链系统提供存储空间和算力支持。如果要修改区块链中的信息，必须征得半数以上节点的同意并修改所有节点的信息，而这些节点通常掌握在不同的主体手中，因此篡改区块链中的信息是一件极其困难的事。相比于传统的网络，区块链具有两大核心特点：一是数据难以篡改，二是去中心化。基于这两个特点，区块链所记录的信息更加真实可靠，可以帮助解决人们互不信任的问题。

14.AI：是人工智能（Artificial Intelligence）的缩写，它是计算机科学的一个分支，最早是美国的约翰·麦卡锡于1956年提出的，所谓的人工智能，其实是类人行为，以与人类智能相似的方式做出反应的智能机器，涵盖了机器人、语言识别、图像识别和自然语言处理等不同的领域。它是研究、开发设计用以模拟、拓宽和拓展人的智能化的理论、方式、技术及应用系统的一门新的技术科学。

15.GOIP：是网络通信的一种硬件设备，能将传统电话信号转化为网络信号，一台设备可供上百张手机卡同时运作，还可以远程控制异地的SIM卡和GOIP设备拨打电话、收发短信，实现了人与SIM卡的分离，达到隐藏身份、逃避打击的目的。同时，它可虚拟拨号，能任意切换手机号码拨打被害人电话，公安机关对其反制拦截和信号溯源难度极大，因此逐渐成为诈骗分子的新手段。

16.共享屏幕：就是在两个设备间建立连接，两块屏幕展示相同的内容。一种是有控制权的共享，也可以叫作远程协助，就是自己一方或者对方的设备出现问题的时候，请求对方远程协助解决问题的共享。另一种只是单纯的屏幕共享，就是只分享自己的屏幕画面。

17.秒拨："秒拨IP"是服务类技术黑产模块之一，其提供的秒级切换IP服务，为各类网络违法犯罪活动提供虚假身份隐蔽上网、规避调查等技术支持，给监管部门以及互联网平台的风险IP识别判定带来极大的难度，是很多网络违法犯罪的源头性平台。秒拨的原理是利用国内家用宽带拨号上网（PPPOE）断线重连，每次获取一个新的宽带IP。以一个秒拨IP平台的产业链为例。①购买服务获取VPN。黑产购买秒拨IP服务，获取VPN服务器信息，通过 VPN 服务将黑产设备网络连接到 VPN 服务集群，黑产的流量被统一代理到 VPN 服务器集群。②配合软件路由系统切换 IP。VPN 服务集群主机网络由软件路由系统支持，秒拨 IP 平台从第三方购买、租用大量宽带账号信息，配置到软件路由系统中，该系统中配置定时换号重连的功能，进而实现秒拨 IP 的效果。③通过代理 IP 向其他互联网平台发起请求。软件路由系统作为最外层的网络模块，负责与其真实的外部网络环境进行网络通信。对被请求的互联网平台而言，获取的 IP 为伪装后的秒拨 IP，而非黑产真实的作案 IP。

18.VPN 云：是一种利用基于云的网络基础设施来提供 VPN 服务的 VPN。它通过公共 internet（互联网）上的云平台为最终用户和订户提供全球可访问的 VPN 访问。云 VPN 也称为托管 VPN 或虚拟专用网络，即服务（VPNaaS）。虚拟专用网络（VPN）的功能是：在公用网络上建立专用网络，进行加密通信。在企业网络中有广泛应用。VPN 网关通过对数据包的加密和数据包目标地址的转换实现远程访问。VPN 可通过服务器、硬件、软件等多种方式实现。

19. 云语音呼叫：云语音（CloudCall），顾名思义，是采用云计算的方式来执行语音操作。在传统通信计算模式下，语音的处理方式多是通过单个通信终端；在云计算技术背景下，语音的格式转换、辨别等操作完全在"云"端执行。云语音的优势很大，速度快，准确度很高。云呼叫是基于云计算技术设计的全新话务控制系统。企业无须购买软硬件设备，呼叫中心转移到云中，"云呼叫"中心实现按需付费的交付模式，系统可自动按客户需求分配资源，并只收已用部分的费用，既可以保证高峰期服务不中断，也可以避免业务淡季资源的浪费，同时管理者只需登录客户端，就可以随时查看报表、调整绑定号码，并对员工进行实时的监控与管理。

"伍什反诈"的阶段工作考核验收，由上级"伍什反诈"领导组或由本级"伍什反诈"领导组负责实施。也可以由本级"伍什反诈"指导调度攻坚组实施考核验收。

考核验收的主要内容有两个方面：一是看工作效果方面；二是看工作落实方面。

汇编 1

一、常用表格

1. 人员易被诈骗风险综合评估表

姓名：　　　　性别：　　　身份证号码：　　　　　　　手机号码：

序号	分类评估内容	分类评估情况	分值	得分
1	存在赋闲、退休、大学刚毕业、远离职场等情况	是□ 否□	2	
2	是否是外来务工、外出打工、异地居住、异地工作	是□ 否□	2	
3	因忙于工作、学习、做生意等因素，会顾不上婚姻、家庭	是□ 否□	2	
4	因各种原因，出现停业、歇业、破产、倒闭、事业不顺等情况	是□ 否□	2	
5	钱略有节余、有少量存款，生活有一定的经济保障	是□ 否□	2	
6	有时在网上购物或已习惯于网上购物	是□ 否□	2	
7	如急需用钱买房、买车、进货等，难以从别人处筹到所需的款项	是□ 否□	2	
8	工资不高、其他收入较低，家庭经济条件一般	是□ 否□	2	
9	存在待业、无业、等待通知的情况	是□ 否□	2	
10	因拆迁占地、扶持补贴、改革改制等得到资金补偿	是□ 否□	2	
11	对电诈宣传内容知道得不全面，对电诈套路手段知道得较少	是□ 否□	2	
12	有投资理财想法或有投资理财行为	是□ 否□	2	
13	有买期货、炒股、买虚拟货币想法或行为	是□ 否□	2	
14	喜欢在网上买价廉物美的商品，打折、促销的商品	是□ 否□	2	
15	如果被诈骗，事后会急于挽回损失	是□ 否□	2	

续表1

序号	分类评估内容	分类评估情况	分值	得分
16	有事没事就看手机、玩手机，手机不离手	是□ 否□	2	
17	有因各类事情填写个人信息的现象	是□ 否□	2	
18	持有手机、电脑、银行卡等现代办公生活工具载体	是□ 否□	2	
19	手机安装有微信支付、支付宝等支付工具，手机连接银行卡	是□ 否□	2	
20	买卖、出租、出借电话卡、银行账户、支付账户、互联网账号	是□ 否□	2	
21	微信转账时收到提示对方存在诈骗风险，会忽视这种提示继续转账	是□ 否□	2	
22	接到陌生电话不假思索地接听、稍有迟疑后接听、对方长时间多次拨打后接听	是□ 否□	2	
23	收到各类信息就忍不住接听、查看，并根据对方的要求、提示去操作	是□ 否□	2	
24	收到看到不熟悉的链接、网站、小程序会忍不住点击打开浏览并根据提示去操作	是□ 否□	2	
25	想在网上拿文凭、证书、证件，获专利，发表论文	是□ 否□	2	
26	认为只要不贪小便宜，自己就不会被骗	是□ 否□	2	
27	对无抵押、无担保、无须资质、支付低利率可贷款、买车、购物等信息感兴趣	是□ 否□	2	
28	看到比银行存款回报率高的事就有试一试的想法	是□ 否□	2	
29	从银行及亲戚朋友处难以借出钱来，有借钱难的感受	是□ 否□	2	
30	有急于找工作增加收入改善生活的需求	是□ 否□	2	
31	向往高品质生活，经济收入不能满足消费需求	是□ 否□	2	
32	想居家兼职工作以期贴补家用，增加收入改善生活	是□ 否□	2	
33	看到别人生活越来越好，想发财致富改变现状	是□ 否□	2	

续表2

序号	分类评估内容	分类评估情况	分值	得分
34	看到别人都去做某件事,自己也跟着去做,不从根本上思考是否真正值得去做	是□ 否□	2	
35	做事不愿跟别人说,遇事不愿跟别人沟通交流	是□ 否□	2	
36	家遭变故会产生悲痛、苦恼、焦躁、消沉、无心思工作等情绪	是□ 否□	2	
37	遭遇挫折会有急躁、冲动、抱怨、逃避、心灰意冷等情绪	是□ 否□	2	
38	单纯善良、富有同情心,乐于助人	是□ 否□	2	
39	讲感情、重情义,有公德心、公益心,易相信别人	是□ 否□	2	
40	因工作职业特点,遇事会来不及思考再三、粗心大意、不够谨慎	是□ 否□	2	
41	做事认真、执着,不善变通举一反三	是□ 否□	2	
42	遇到意想不到的事容易犹豫不决、拿不定主意	是□ 否□	2	
43	遇到于己不利的事容易发慌紧张、怕受影响、怕别人知道	是□ 否□	2	
44	看待事物注重表象较多,辨别是非的能力较弱	是□ 否□	2	
45	遇事不能始终保持冷静思考,缺乏习惯性理性思维	是□ 否□	2	
评估表得分	走访座谈得分	总得分	评估结果	
备注	1. 符合某项内容特征,就在分类评估栏"是"的方框内打"√";2. 评估表总分90分,走访座谈总分10分;3.总得分为使用评估表所得分数与走访座谈所得分数相加之和。4.评估结果由综合评估组综合评估确定			

2. "伍什反诈"易被诈骗风险评估纪要

评估时间	
地　　点	
评估人员	
评 估 内 容	
评 估 结 果	

3."伍什反诈"易被诈骗风险防范实操组组长工作记录（红色高风险）

组长:　　　　　　　　　　　年　　月　　日

姓名	身份证号码	手机号码	三问三看落实情况	是否提醒或帮助删除，是否按计划提醒反诈	是否有汇报问题
备注	1.三问三看落实情况应写明未落实的内容及原因；2.是否提醒或帮助删除栏内应写明提醒或帮助删除的内容；3.是否有汇报问题栏内应写明要汇报的问题；4.指定一名网格员或村干部担任组长				

4. "伍什反诈"易被诈骗风险防范实操组组长工作记录（黄色中风险1）

组长： 年 月 日

姓名	身份证号码	手机号码	三问三看落实情况	是否提醒或帮助删除，是否按计划提醒反诈	是否有汇报问题
备注	1.三问三看落实情况应写明未落实的内容及原因；2.是否提醒或帮助删除栏内应写明提醒或帮助删除的内容；3.是否有汇报问题栏内应写明要汇报的问题；4.指定一名网格员或村干部担任组长				

5. "伍什反诈"易被诈骗风险防范实操组组长工作记录（黄色中风险 2）

组长：　　　　　　　　　　年　　月　　日

序号＼项目	反诈宣传	跟踪评估	个别工作
备注	1. 应简要写明宣传的形式及内容；2. 应简要写明跟踪评估情况；3. 应简要写明个别工作的对象及原因		

6. "伍什反诈"易被诈骗风险防范实操组组长工作记录（蓝色低风险 1）

组长：　　　　　　　　　　年　　月　　日

姓名	身份证号码	手机号码	三问三看落实情况	是否提醒或帮助删除，是否按计划提醒反诈	是否有汇报问题
备注	1. 三问三看落实情况应写明未落实的内容及原因；2. 是否提醒或帮助删除栏内应写明提醒或帮助删除的内容；3. 是否有汇报问题栏内应写明要汇报的问题；4. 指定一名网格员或村干部担任组长				

7. "伍什反诈"易被诈骗风险防范实操组组长工作记录（蓝色低风险2）

组长：   年   月   日

项目 序号	反诈宣传	跟踪评估	个别工作
备注	1. 应简要写明宣传的形式及内容；2. 应简要写明跟踪评估情况； 3. 应简要写明个别工作的对象及原因		

8. "伍什反诈"易被诈骗风险管理反馈组组长工作记录

组长：   年   月   日

项目 序号	是否督促落实"三问 三看两提醒"工作	有无帮助落实"三问 三看两提醒"工作	是否及时汇报问题
备注	1. 应写明未督促落实的内容及原因；2. 应写明未帮助落实的内容及原 因；3. 应写明未及时汇报的问题及原因		

9. "伍什反诈"易被诈骗风险问题汇总组组长工作记录

组长： 年 月 日

组号 ＼ 组别	红色风险组问题汇总	黄色风险组问题汇总	蓝色风险组问题汇总
备注	1. 组别主要是针对不同风险组问题汇总区分；2. 组号是指哪个风险组有问题，就填哪个风险组的排号		

10. "伍什反诈"调度检查台账

序号 ＼ 项目	调度检查时间	企（事）业单位村居、小区名称	调度检查情况			
			易被诈骗风险评估情况，及时随机评估情况（是否有漏评）	组长履职情况	存在问题情况	采取解决对策情况

11."伍什反诈"攻坚台账

序号\项目	存在问题	解决问题时间	解决问题情况	问题解决效果评估		
				是否认识到自己的行为有被诈骗的风险	是否愿意配合反诈工作人员防范诈骗	是否愿意帮助别人进行反诈宣传

12."伍什反诈"易被诈骗风险防范实操、管理反馈、问题汇总、调度检查、攻坚台账封面

反诈防范实操组组长工作台账

（红色高风险）

××市公安局××区（县）分局

反诈防范实操组组长工作台账

（黄色中风险1）

××市公安局××区（县）分局

反诈防范实操组组长工作台账

（黄色中风险 2）

××市公安局××区（县）分局

反诈防范实操组组长工作台账

（蓝色低风险 1）

××市公安局××区（县）分局

反诈防范实操组组长工作台账

（蓝色低风险 2）

××市公安局××区（县）分局

反诈管理反馈组组长工作台账

××市公安局××区（县）分局

反诈问题汇总组组长工作台账

××市公安局××区（县）分局

"伍什反诈"调度检查台账

××市公安局××区（县）分局

"伍什反诈"攻坚台账

××市公安局××区（县）分局

13."伍什反诈"组织架构图

14."伍什反诈"人员基本情况统计表

项目　　　　　　序号	姓名	年龄	身份证号码	手机号码	持有智能手机并安装有支付宝、微信支付、QQ支付、直播打赏等具有转账功能的应用或绑定银行卡	持有老年手机且有银行卡存款	有电脑且安装宽带或有上网卡并且有银行卡、网银、存款	职业：应写明行政单位、事业单位、企业、公司、个体经营、打工、退休、无业、兼职（具体何职业）等	收入情况：应写明收入水平以及收入的来源，如工资\补偿\赠予\投资所得（写明投资项目）

二、"伍什反诈"工作考核验收方案

为检验"伍什反诈"工作效果和工作落实情况，促进"伍什反诈"工作向更广阔更纵深发展，特制订"伍什反诈"工作考核验收方案。

"伍什反诈"的阶段工作考核验收，由上级"伍什反诈"领导组或由本级"伍什反诈"领导组负责实施。也可以由本级"伍什反诈"指导调度攻坚组实施考核验收。考核验收的主要内容有两个方面：

一是看工作效果方面；二是看工作落实方面。

考核总分为 100 分，工作效果占 50 分，工作落实占 50 分。

工作效果方面（50 分）

（一）检查开展"伍什反诈"工作的重点区域、村居、社区、居民小区、企事业单位的电信网络诈骗案件的发案率是否降低或零发案。

考核验收的方法是："伍什反诈"工作开展前至少半年的发案情况与"伍什反诈"工作开展后至少半年时间的发案情况进行对比，以此作为对"伍什反诈"工作效果考核验收的最重要的条件。此项分值为 20 分。

1.针对显险性重点区域、村居、社区、居民小区、企事业单位的"伍什反诈"工作的考核验收，如发案数为零，则得 20 分；如果发案数低于开展前同时长的发案数，按照 20 分除以开展前同时长发案数，所得的平均值作为每少发案一起的得分值来计算，以此类推。

2.对于隐险性重点区域、村居、社区、居民小区、企事业单位开展"伍什反诈"工作的考核验收，在"伍什反诈"工作时段内未发生案件，则得 20 分。如果发生案件，则得分为零分。

3.针对普险性重点人群开展"伍什反诈"工作的考核验收的方式与显险性重点区域、村居、社区、居民小区、企事业单位的"伍什反诈"工作的考核验收的办法相同。

"伍什反诈"工作效果考核验收表（一）

"伍什反诈"展开至结束的时长跨度内的发案数统计	"伍什反诈"开展前与开展后同一时长跨度的发案数统计	设定分值	得分情况	案件下降(％)
		20		

（二）检查纳入"伍什反诈"管理的各类易被诈骗风险人员，是否了解电信网络诈骗的各种套路手段。采取现场抽查提问的形式或试卷测验的形式进行验收。村居、社区、居民小区、重点人群等主要是采取现场抽查提问的形式进行考核验收；行政单位、企事业单位，主要是采取试卷测验的形式进行验收。试卷的内容根据要求设定，可设置多套测试试卷，随机抽取进行测试。参加现场抽查提问的红色高风险人员的比例，应不少于该项人员的30%；参加现场抽查提问的黄色中风险人员的比例，应不少于该项人员的20%；参加现场抽查提问的蓝色低风险人员的比例，应不少于该项人员的10%。各地在进行考核验收时抽查提问的比例，可根据实际情况适当增加或减少。此项分值为15分，三类不同风险人员抽查提问的分值分别为5分，具体得分多少，应根据抽取人数的平均得分乘以合格人数。抽查提问，也可采用电话访问的形式进行。

"伍什反诈"工作效果考核验收表（二）

	风险人员类别	分类抽查提问人数	分类抽查提问情况	设定分值	分类得分	总得分
各类易被诈骗风险人员，是否了解电信网络诈骗的各种套路手段	红色高风险人员			5		
	黄色中风险人员			5		
	蓝色低风险人员			5		

（三）检查"伍什反诈"工作的重点区域、村居、社区、居民小区、企事业单位的群众，是否积极配合"伍什反诈"工作，是否认识到自己的行为有被诈骗的风险，是否愿意宣传反诈。主要是采取查看工作记录表、听取各组长汇报、与各风险组人员座谈等形式进行考核验收。此项分值为15分，查看工作记录表、听取各组长汇报、与各风险组人员座谈三项考核验收的内容分值，分别为5分。具体得分情况，由考核验收人员根据实际情况打分。

"伍什反诈"工作效果考核验收表（三）

内容／项目	查看工作记录情况	听取组长汇报情况	与各组人员座谈情况	设定分值	分项得分	总得分
是否积极配合"伍什反诈"工作				5		
是否认识到有被诈骗的风险				5		
是否愿意宣传反诈				5		

工作落实方面（50分）

（四）检查"伍什反诈"指导调度攻坚组的指导调度检查记录、攻坚记录、月讲评、季小结、照片和音像资料等，听取组长汇报，作为即时考核的内容及结果。通过查验"伍什反诈"指导调度攻坚组的两本台账，检验"伍什反诈"工作的落实情况。该项分值为10分，指导检查记录2分，攻坚记录2分，月讲评、季小结2分，照片、音像资料2分，组长汇报2分。考核验收组如果认为某项存在问题，可酌情扣分。

"伍什反诈"工作落实考核验收表（一）

项目 \ 内容	检查验收情况评价	设定分值	分项得分	总得分
指导检查记录		2		
攻坚记录		2		
照片、音视频资料等		2		
月讲评、季小结		2		
组长工作汇报		2		

（五）检查"伍什反诈"的实施步骤，是否按照每一步骤的具体要求落实到位。（20分）此项内容的考核验收，主要是前1—5项的考核验收，第6项、第7项在工作落实方面的（四）、（六）两项内容已考核验收，在此不做考核。1—5项的考核分值分别为4分，如果考核验收组在考核验收中发现其中某项存在问题，可酌情扣分。

1.成立"伍什反诈"工作组织机构

要及时成立"伍什反诈"工作领导组、工作指导调度攻坚组、易被诈骗风险综合评估组、易被诈骗风险问题汇总组、易被诈骗风险管理反馈组、易被诈骗风险防范实操组。

2.测评电信网络诈骗被害人,确定易被诈骗高风险下限分值标准

要坚持属地测评,能测尽测,选取时间跨度适中,涵盖诈骗类型齐全的要求。

3.统计分析,确定评估范围

做到摸排情况要全面,统计数字要准确,评估重点要明晰,其他人员要兼顾。

4.初测初评、综合评估确定易被诈骗风险等级

必须要做到严谨细致,认真负责,考虑周到,综合考量,准确无误,才能达到所需的工作要求。

5.科学编组,确定组长,组织培训

要把握好"利于接受,便于开展;思想为先,能力相当;删繁就简,突出精要"的要求。

6.展开实施,履职尽责

要做到按部就班,方法灵活,换位思考,真诚帮助。

7.调度检查、讲评小结、考核验收

及时调度检查,客观讲评小结,严格考核验收。

"伍什反诈"工作落实考核验收表(二)

项目＼内容	查看各类工作台账检查各类工作资料	设定分值	分项情况	总得分
组织机构健全		4		
确定易被诈骗高风险下限分值标准		4		
统计分析,确定评估范围		4		
综合评估确定易被诈骗风险等级		4		
科学编组,确定组长,组织培训		4		

（六）各级工作组及组长按职责要求履行职责情况。（20分）

本项考核验收内容只考核验收"伍什反诈"工作领导组长、"伍什反诈"易被诈骗风险问题汇总组长、"伍什反诈"易被诈骗风险管理反馈组长、"伍什反诈"易被诈骗风险防范实操组长、执行保密纪律五项内容，"伍什反诈"易被诈骗风险综合评估组长、"伍什反诈"工作指导调度攻坚组长两项内容在其他项目考核验收时已涉及，在此不再考核验收。考核验收"伍什反诈"工作领导组长、"伍什反诈"易被诈骗风险问题汇总组长、"伍什反诈"易被诈骗风险管理反馈组长、"伍什反诈"易被诈骗风险防范实操组长、执行保密纪律五项内容的分值均为4分。考核验收时，严格按照各组长职责要求进行。考核验收组人员如发现有职责要求落实不到位的情况，应酌情扣分。

1. 是否做到"伍什反诈"工作领导组组长的职责要求

组织领导、宣传发动、工作协调、各类保障、考核验收。

2. 是否做到"伍什反诈"易被诈骗风险综合评估组组长的职责要求

一是组织小组人员对初测初评的分数进行统计和分析。

二是组织走访座谈了解。

三是综合分析，确定划分风险等级。

3. 是否做到"伍什反诈"指导调度攻坚组组长的职责要求

一是组织对准备开展"伍什反诈"工作的村居、社区、企事业单位、居民小区等进行统计分析，确定进行易诈骗风险被评估人员的大体范围及人数。并指导展开实施易被诈骗风险评估。

二是根据综合评估组对被评人的评估结果划分风险等级的人数，组织人员对村居、社区、企事业单位开展"伍什反诈"工作的组织架构搭建。

三是组织人员对"伍什反诈"易被诈骗风险防范实操组长、"伍什反诈"易被诈骗风险管理反馈组长、"伍什反诈"易被诈骗风险问题汇总组长进行培训。

四是组织小组成员适时对各"伍什反诈"易被诈骗风险防范实操组、管理反馈组、问题汇总组的日常工作情况及"伍什反诈"工作的每个环节的工作重点落实情况进行调度检查，及时发现问题，及时纠偏正向。

五是组织小组成员结合分局反诈宣传计划、内容、要求，制订本单位"伍什反诈"的宣传计划、内容、形式、实施方法，并指导进行反诈宣传。

六是对各问题汇总组上报的问题，以及市局分局反诈中心下发的预警人员存在的问题组织研判，认真分析研究，拿出解决办法，第一时间到一线群众跟前做好"伍什反诈"的劝阻工作。

七是根据"伍什反诈"工作需要，组织人员定期下发工作提醒信息。

八是组织填写调度台账、研判台账、攻坚台账。

4. 是否做到"伍什反诈"易被诈骗风险问题汇总组组长的职责要求

一是及时跟进收集整理汇总各"伍什反诈"易被诈骗防范管理反馈组反映的问题，每周至少一次以书面的形式向调度研判攻坚组汇报掌握的情况，并复印留存，以备查询。

二是负责组织"伍什反诈"易被诈骗风险管理反馈组长，落实"伍什反诈"的各项具体工作，全程参与"伍什反诈"。

5. 是否做到"伍什反诈"易被诈骗风险管理反馈组长的职责要求

"伍什反诈"易被诈骗风险管理反馈组长，应按照督促落实（督促防范实操组长履职尽责）、重点帮助（重点帮助问题较多的防范实操组抓好工作落实）、及时反馈（及时向问题汇总组长反馈汇报工作中发现的问题及难点工作）的要求随机开展工作。每周至少一次向问题汇总组长反馈情况，并严格按要求填写工作表内容。

6. 是否做到"伍什反诈"易被诈骗风险防范实操组组长的职责要求

（1）"伍什反诈"易被诈骗红色高风险防范实操组组长，要对照"三问三看、两提醒、一汇报"的要求，每周至少开展一次工作，抓好工作落实。把对每个组员的工作情况逐一记录，记录内容要真实，也可以表格的形式填写工作内容。通过连续两周的工作后，对于能够积极配合组长工作且对反诈宣传内容及电诈套路了解较多，并有了一定的反电诈的防范心理准备及反诈技能的组员，"伍什反诈"指导调度攻坚组可视情况将原来的每周开展一次工作，调整为每两周开展一次工作，从而避免因短时间过于频繁地与组员见面或联络，给组员造成不必要的生活干扰，而产生厌烦等不配合的情绪。工作一个季度后，可根据实际情况，随机对每个组员进行风险评估，并根据风险评估情况，重新划分风险等级，及时将其列入相应的风险组中继续开展工作。

"三问三看"：

一是询问或查看组员的手机有无收到疑似诈骗短信、微信、QQ 信息；有无接到疑似诈骗电话及其他不明电话；有无下载安装 App、小程序，关注扫描二维码、公众号，点击不明链接、浏览不健康网页。

二是询问或查看组员有无进行网上贷款、投资理财、炒股、网上办理各种委托业务等；有没有网上购物、直播打赏、购买游戏设备、购买彩票等行为。

三是询问或查看组员是否收到政府部门机关及公安部门的防诈宣传信息，是否熟知宣传信息内容；是否安装国家反诈中心 App。

"两提醒"：

及时提醒或帮助删除与电信网络诈骗内容有关的信息、电话、群组、链接、App、平台等。

及时按照"伍什反诈"指导调度攻坚组制订的关于防范电信网络诈骗提醒计划，在规定的时间内将有关防范电信网络诈骗的内容向组员做出提醒。

"一汇报"：

对执迷不悟、顽固痴迷等无法做通工作的人员及时上报。由"伍什反诈"指导调度攻坚组会同其他人员，对该人员进行预警劝阻工作。

（2）"伍什反诈"易被诈骗黄色中风险防范实操组组长，每周至少开展一次工作，主要是做好反诈宣传、随机评估、个别工作（根据工作需要，有针对性地做好个别组员的"三问三看、两提醒、一汇报"工作）。并记录工作落实情况，记录内容要真实，也可以表格的形式填写工作内容。通过连续两周的工作后，对于能够积极配合组长工作且对反诈宣传内容及电诈套路了解较多，并有了一定的反电诈的防范心理准备及反诈技能的组员，"伍什反诈"指导调度攻坚组，可视情况将原来的每周开展一次工作，调整为每两周开展一次工作，从而避免因短时间过于频繁地与组员见面或联络，给组员造成不必要的生活干扰，而产生厌烦等不配合的情绪。工作一个季度后，可根据实际情况，对组员进行随机评估，并根据评估情况，重新划分风险等级，及时将其列入相应的风险组中继续管理。

（3）"伍什反诈"易被诈骗蓝色低风险防范实操组组长，每周至少开展一次工作，主要是做好反诈宣传、随机评估、个别工作，并记录落实情况，记录内容要真实，也可以表格的形式填写工作内容。通过连续两周的工作后，对于能够积极配合组长工作且对反诈宣传内容及电诈套路了解较多，并有了一定的反电诈的防范心理准备及反诈技能的组员，"伍什反诈"指导调度攻坚组，可视情况将原来的每周开展一次工作，调整为每两周开展一次工作，从而避免因短时间、过于频繁的与组员见面或联络，给组员造成不必要的生活干扰，而产生厌烦等不配合的情绪。工作一个季度后，可根据实际情况，对组员进行随机评估，并根据评估情况，重新划分风险等级，及时将其列入相应的风险组中继续管理。

（4）"伍什反诈"易被诈骗风险防范实操组组长，还应根据本组人员数量的多少，挑选组建"伍什反诈"易被诈骗风险预警信息员队伍。通常情况下，是在易被诈骗蓝色低风险防范实操组，物建"伍什反诈"易被诈骗风险预警信息员。易被诈骗黄色中风险防范实操组每组人员较多时，也可以物建"伍什反诈"易被诈骗风险预警信息员。每50人物建一名"伍什反诈"易被诈骗风险预警信息员，易被诈骗风险预警信息员对"伍什反诈"易被诈骗蓝色低风险防范实操组组长负责。主要是在群众中随机进行反诈宣传，注意察觉发现可能与电信网络诈骗有关的现象苗头倾向，及时将发现的情况向组长反馈。

"伍什反诈"易被诈骗风险预警信息员的物建，不求全责备，只要愿意为反诈工作尽心出力的人员，无论是谁，都可以成为"伍什反诈"易被诈骗风险预警信息员。

7.各级工作组长是否在"伍什反诈"工作中，是否做到严格执行保密纪律

"伍什反诈"工作落实考核验收表（三）

项目 ＼ 内容		对照职责要求、查看各类工作台账检查各类工作资料等情况	设定分值	分项情况	总得分
"伍什反诈"领导组组长			4		
"伍什反诈"易被诈骗风险问题汇总组组长			4		
"伍什反诈"易被诈骗风险管理反馈组组长			4		
易被诈骗风险防范实操组组长	红色高风险组长		4		
	黄色中风险组长				
	蓝色低风险组长				
各级工作组长是否做到严格执行保密纪律。			4		

备注：各地在制订考核验收方案时，还可以根据本地的实际情况，制订更为详细的考核细则，还可以针对某项内容进一步细化考核条目，使考核工作更加科学精准、扎实有效。

汇编 2

一、"伍什反诈"试点工作机构人员名单

1. 舜和嘉园小区"伍什反诈"工作领导小组

组　长：许宪伟　张家洼街道党工委副书记

组　员：张　强　张家洼街道办事处综治办主任

　　　　王　建　张家洼派出所所长

　　　　孟庆会　张家洼街道办事处王善社区书记

　　　　刘常广　张家洼街道办事处小洛庄村党总支书记

2. 舜和嘉园小区"伍什反诈"易被诈骗风险综合评估组

组　长：马　克　张家洼派出所教导员

副组长：张金玉　张家洼出所副所长

组　员：刁玉锋　张家洼派出所民警

　　　　刘常广　张家洼街道办事处小洛庄村党总支书记

　　　　张呈林　张家洼派出所辅警

　　　　陈晓文　舜和嘉园物业经理

3. 舜和嘉园小区"伍什反诈"指导调度攻坚组

组　长：刘长柏　张家洼派出所副所长

组　员：刁玉锋　张家洼派出所民警

　　　　颜世永　张家洼街道办事处小洛庄村治安主任

　　　　张呈林　张家洼派出所辅警

4. 舜和嘉园小区"伍什反诈"工作落实组

"伍什反诈"易被诈骗风险问题汇总组组长：刘孟宇

"伍什反诈"易被诈骗风险管理反馈组组长：周　旋

"伍什反诈"易被诈骗红色风险一组组长：刘孟宇（兼职）

"伍什反诈"易被诈骗红色风险二组组长：陈晓文

"伍什反诈"易被诈骗黄色风险一组组长：刘常民

"伍什反诈"易被诈骗黄色风险二组组长：孟春美

"伍什反诈"易被诈骗蓝色风险一组组长：周　旋（兼职）

"伍什反诈"易被诈骗蓝色风险二组组长：李　红

5. 舜和嘉园小区"伍什反诈"工作落实组（调整后）

"伍什反诈"易被诈骗风险问题汇总组组长：刘孟宇

"伍什反诈"易被诈骗风险管理反馈组组长：周　旋

"伍什反诈"易被诈骗红色风险一组组长：尚玉珍

"伍什反诈"易被诈骗红色风险二组组长：陈晓文

"伍什反诈"易被诈骗黄色风险一组组长：刘常民

"伍什反诈"易被诈骗黄色风险二组组长：孟春美

"伍什反诈"易被诈骗蓝色风险一组组长：孟雪花

"伍什反诈"易被诈骗蓝色风险二组组长：李　红

6. 舜和嘉园小区"伍什反诈"工作落实组（更换"伍什反诈"蓝色风险一组组长）

"伍什反诈"易被诈骗风险问题汇总组组长：刘孟宇

"伍什反诈"易被诈骗风险管理反馈组组长：周　旋

"伍什反诈"易被诈骗红色风险一组组长：尚玉珍

"伍什反诈"易被诈骗红色风险二组组长：陈晓文

"伍什反诈"易被诈骗黄色风险一组组长：刘常民

"伍什反诈"易被诈骗黄色风险二组组长：孟春美

"伍什反诈"易被诈骗蓝色风险一组组长：崔俊莲

"伍什反诈"易被诈骗蓝色风险二组组长：李　红

备注：由崔俊莲接替孟雪花担任"伍什反诈"蓝色风险一组组长。

7. 舜和嘉园小区"伍什反诈"工作落实组

"伍什反诈"易被诈骗风险问题汇总组组长：魏述萍

"伍什反诈"易被诈骗风险管理反馈组组长：卜范安

"伍什反诈"易被诈骗红色风险一组组长：尚玉珍

"伍什反诈"易被诈骗红色风险二组组长：陈晓文

"伍什反诈"易被诈骗黄色风险一组组长：刘常民

"伍什反诈"易被诈骗黄色风险二组组长：孟春美

"伍什反诈"易被诈骗蓝色风险一组组长：崔俊莲

"伍什反诈"易被诈骗蓝色风险二组组长：李　红

备注：
由魏述萍接替刘孟宇担任"伍什反诈"易被诈骗风险问题汇总组组长。
由卜范安接替周旋担任"伍什反诈"易被诈骗风险管理反馈组组长。

附表：舜和嘉园"伍什反诈"数据总表

总户数	750 户	总人数	1935 人
参加评估人数	593 人（18 岁以上 70 岁以下持有手机人员）	红色高风险	21 人
黄色中风险	100 人	蓝色低风险	472 人

项目 ＼ 性别	男性	女性
红色高风险	13 人	8 人
黄色中风险	45 人	55 人
蓝色低风险	213 人	259 人
总计	271 人	322 人

项目 ＼ 性别	一组	二组
红色高风险	11 人	10 人
黄色中风险	50 人	50 人
蓝色低风险	230 人	242 人

二、"伍什反诈"会议纪要

1. 月讲评会议纪要（一）

2022 年 11 月 15 日 14 点 30 分至 15 时 30 分，张家洼派出所"伍什反诈"指导调度攻坚组民警刁玉锋、辅警张呈林，到"伍什反诈"试点单位张家洼街道办事处小洛庄舜和嘉园小区，组织召开"伍什反诈"月讲评会议。

会议参加人员共 10 人。由民警刁玉锋主持，张呈林负责记录。会议共四项内容：

一是对"伍什反诈"防范实操组的六个组（红色高风险组 2 个、黄色中风险组 2 个、蓝色低风险组 2 个）、"伍什反诈"管理反馈组、"伍什反诈"问题汇总组的工作记录情况进行检查讲评，比较好的记录是：周旋"伍什反诈"管理反馈组、刘孟宇的"伍什反诈"问题汇总组的记录，陈晓文的"伍什反诈"红色高风险防范实操组记录，刘孟宇兼职的红色高风险防范实操组的记录，周旋兼职的蓝色低风险防范实操组的记录。其他人员的记录有待提高。对刘孟宇提出表扬（刘孟宇及时发现了小区居民朱××差点被犯罪嫌疑人诈骗的情况，嫌疑人以"天心玺"项目为诱饵，通过微信群中发布信息诱骗参与人员购买"天心玺服装"，并谎称参与人员要统一着装在 10 月 15 日之前去北京参会，届时会每人发放 55 万元，并强调会议和二十大一起召开，只有在 10 月 15 日前到北京才可报名参会，是民族资产解冻类诈骗，刘孟宇发现情况后，及时报告，经"伍什反诈"指导调度攻坚组民警劝阻，朱××认识到了自己的行为有被诈骗的风险，愿意配合反诈工作人员防范诈骗，愿意帮助别人进行反诈宣传）。

二是对人员的工作进行部分调整。根据工作需要，新补充两名"伍什反诈"防范实操组长尚玉珍、孟雪花，原来刘孟宇兼任的"伍什反诈"红色高风险防范实操组一组的工作由尚玉珍负责，原来周旋兼任的"伍什反诈"蓝色低风险二组的工作由孟雪花负责。具体工作交接及如何开展工作由原兼任组长负责向新接任组长移交并培训。

三是对"伍什反诈"的"三问三看、两提醒、一汇报"进行再培训。

四是对工作时间进行解释说明。通过连续两周的工作后，对于能够积极配合组长工作且对反诈宣传内容及电诈套路了解较多，并有了一定的反电诈的防范心理准备及反诈技能的组员，"伍什反诈"指导调度攻坚组，可视情况将原来的每周开展一次工作，调整为每两周开展一次工作，从而避免因短时间过于频繁地与组员见面或联络，给组员造成不必要的生活干扰，而产生厌烦等不配合的情绪。

2. 月讲评会议纪要（二）

2023 年 1 月 19 日 15 点 30 分至 16 时 30 分，张家洼派出所"伍什反诈"指导调度攻坚组民警刁玉锋、辅警张呈林，到"伍什反诈"试点单位张家洼街道办事处小洛庄舜和嘉园小区，组织召开"伍什反诈"月讲评会议。

会议参加人员共 10 人。由民警刁玉锋主持，张呈林负责记录。会议共四项内容：

一是对各组长记录的检查情况进行讲评。

通过对各组长的各类台账的检查看，比较好的是"伍什反诈"问题汇总组长、管理反馈组长、红色高风险防范实操组长、黄色中风险防范实操组长、蓝色低风险防范实操一组组长的记录，记录比较清晰，落实"三问三看、两提醒、一汇报"工作到位。但蓝色低风险防范实操二组的记录有缺项，记录不完整，有待于提高，希望管理反馈组长要注意管理和指导。

二是对本月的工作开展情况进行讲评。

本月的工作，由于新冠疫情，我们各组长都陆续"阳"了，但是大部分组长都通过电话、短信的形式落实了所担负的工作任务，是值得表扬和肯定的。希望大家早日养好身体，投入到"伍什反诈"工作中去。

三是向各组长通报近期我区发生的电信网络诈骗案件的发案情况及主要电诈类型。

四是提醒各组长春节、元宵节期间注意防范的电信网络诈骗案件及类型。

五是如何做好随机评估工作。注意克服盲目乐观、骄傲自满、无事可做的思想情绪，按照工作要求做好"伍什反诈"工作；及时做好随机评估工作，更新个别工作的人员；搞好两节期间的宣传和摸排工作。

3. 季度工作小结内容纪要（2023 年 1 月 19 日）

（1）总结这一季度开展"伍什反诈"的主要工作

① 对试点小区的人员进行统计分析后，组织了易被诈骗人员风险评估。

② 对参加易被诈骗风险评估的人员进行风险等级划分和编组。

③ 配齐各类组长，按要求展开工作。

（2）这一季度好的方面

① 与上季度相比，未发生一起电信网络诈骗案件。

② 能够在"伍什反诈"指导调度下严格按要求开展工作。

③ 及时做好了预警劝阻工作。

④ 及时对个别组长进行了补充和调整。

⑤ 及时对存在易被诈骗风险人员进行了随机补充评估。

⑥ 不断完善了易被诈骗风险评估表。

⑦ 不断补充完善修改了"伍什反诈"工作指南。

⑧ 各组长能克服疫情带来的不利影响，较好地完成了工作任务。

（3）存在问题

① 受疫情影响，对在外地工作而返回到试点小区的人员或新近入住小区的人员，未能随机及时评估。

② 工作中受疫情工作及其他工作的影响，落实"三问三看、两提醒、一

汇报"工作不够及时，都是督促之后才完成。有时以工作忙为由不接电话，不回微信。

③工作中相互沟通不够，发现问题较少。

（4）下一步工作重点

① 积极组织小区符合易被诈骗风险评估人员进行易被诈骗风险自我评估，使其认清自我风险，增强反诈防骗的意识。

②临近元旦、春节、元宵节，要加强对各风险组人员的管控，不能放松，要不失时机进行提醒宣传。

③要不间断地开展随机评估工作，对领取易被诈骗评估表的人员做好登记。

"伍什反诈"试点小区开展工作微信记录：

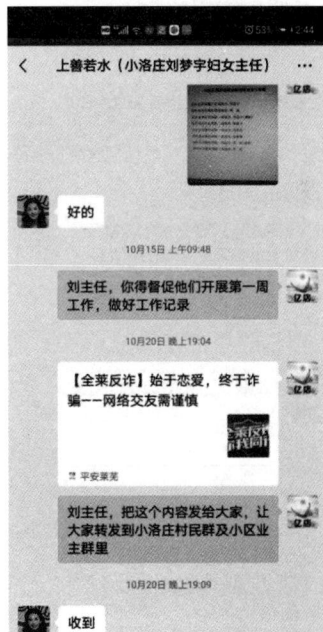

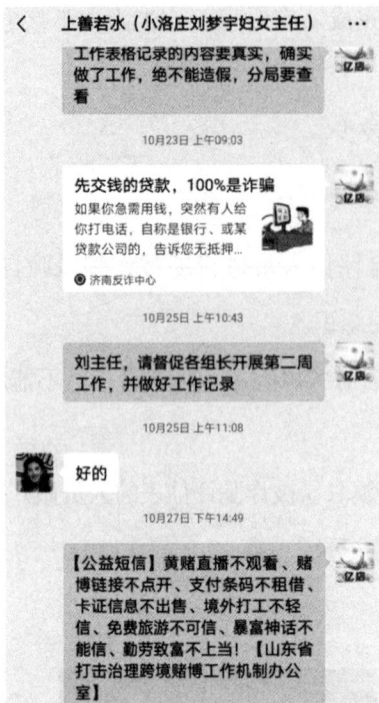

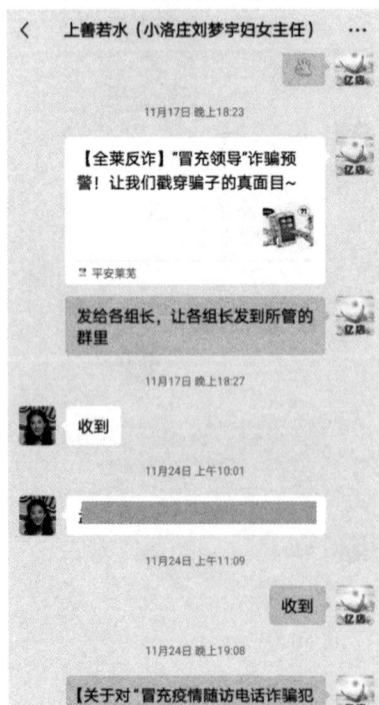

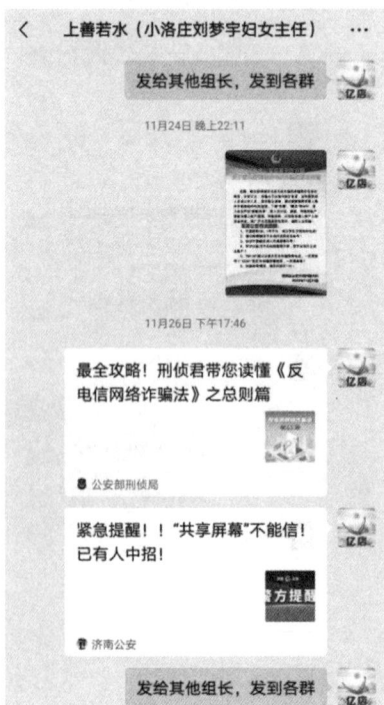

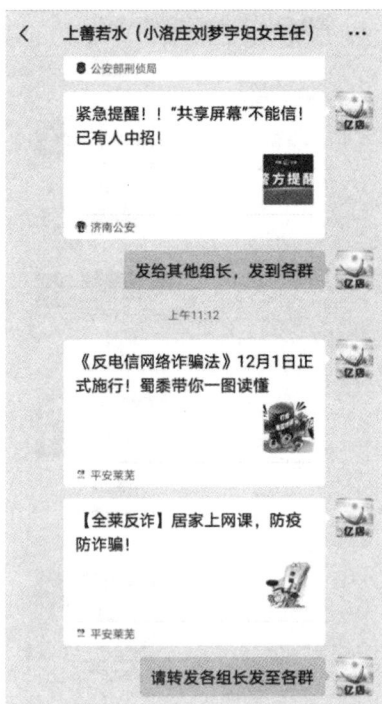

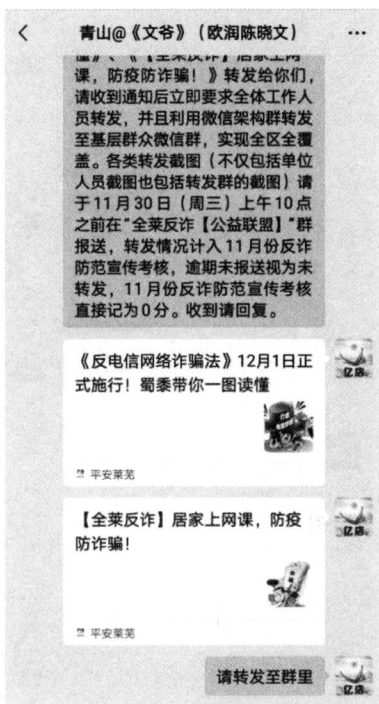

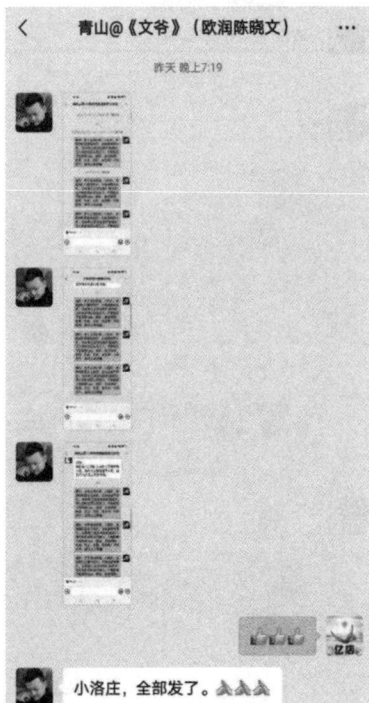

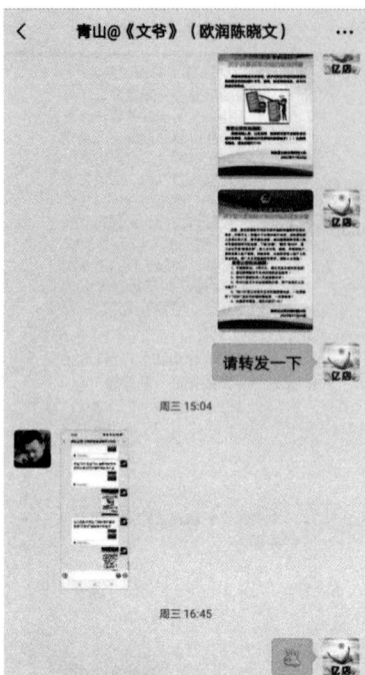

青山@《文爷》（欧润陈晓文）

请转发一下

周三 15:04

周三 16:45

舜和嘉园-小洛庄村委服务群1(500)

公安部刑侦局

循法而行 依法而治 全面构建信息通信行业防范治理电信网络诈骗...

重磅文章

公安部刑侦局

深入贯彻落实反电信网络诈骗法 推动"资金链"治理再上新台阶

重磅文章

公安部刑侦局

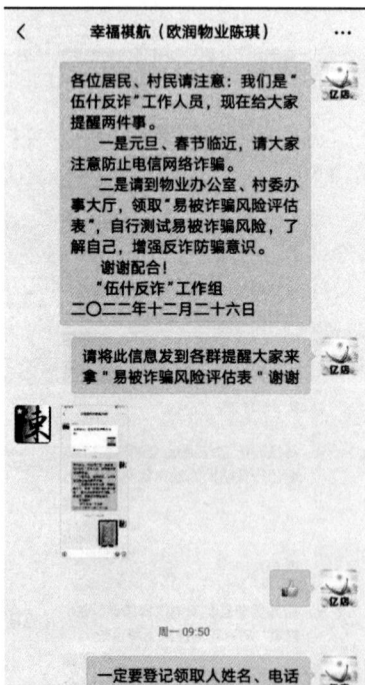

幸福祺航（欧润物业陈琪）

各位居民、村民请注意：我们是"伍什反诈"工作人员，现在给大家提醒两件事。
一是元旦、春节临近，请大家注意防止电信网络诈骗。
二是请到物业办公室、村委办事大厅，领取"易被诈骗风险评估表"，自行测试易被诈骗风险，了解自己，增强反诈防骗意识。
谢谢配合！
"伍什反诈"工作组
二〇二二年十二月二十六日

请将此信息发到各群提醒大家来拿"易被诈骗风险评估表"谢谢

周一 09:50

一定要登记领取人姓名、电话

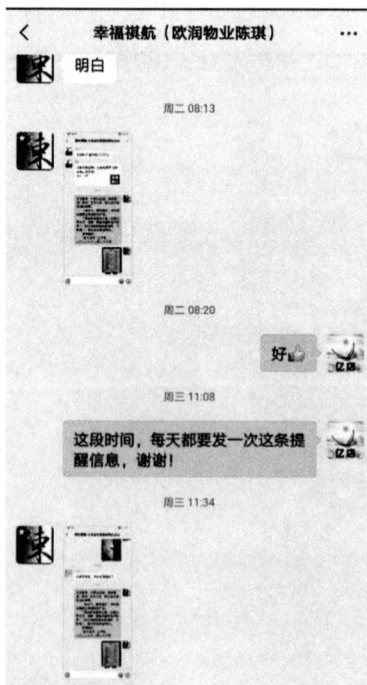

幸福祺航（欧润物业陈琪）

明白

周二 08:13

周二 08:20

好👍

周三 11:08

这段时间，每天都要发一次这条提醒信息，谢谢！

周三 11:34

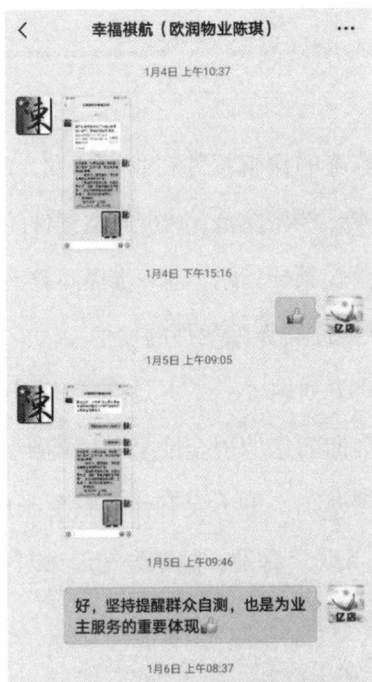

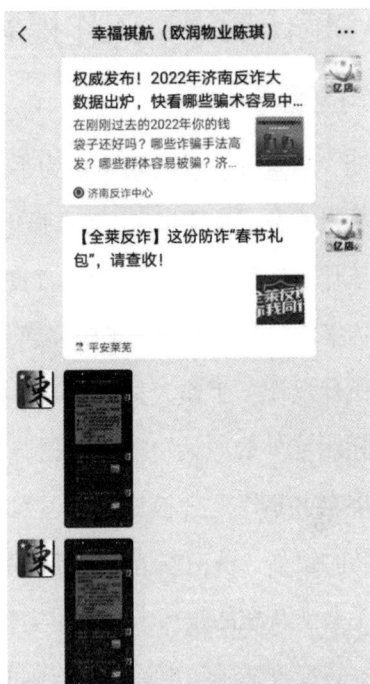

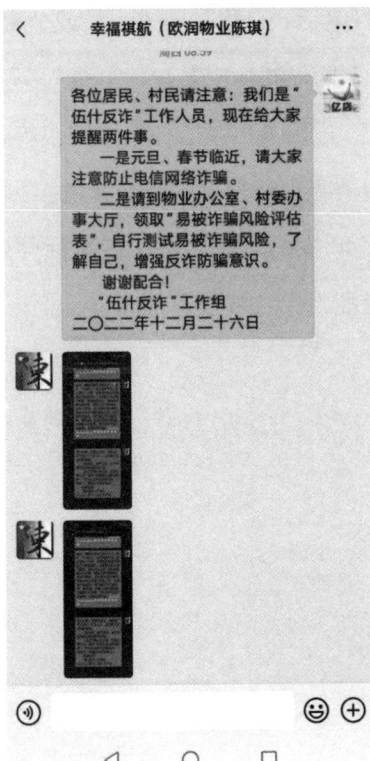

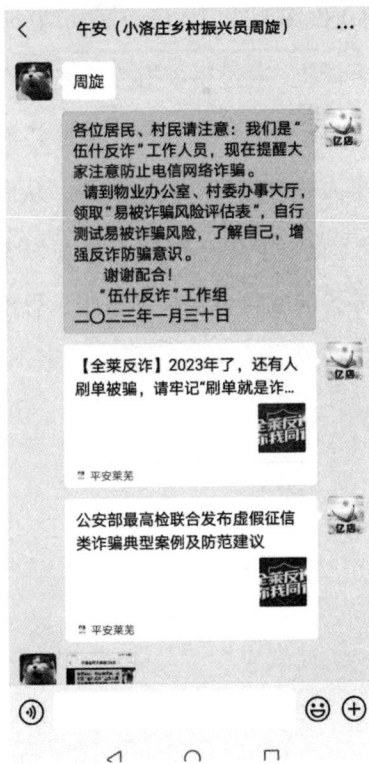

三、"伍什反诈"工作提醒

1. 工作提醒（一）

近期，以冒充疫情随访电话为手段实施的诈骗案件在我市高发，市委领导高度重视并做了重要指示，要求强化宣传、严密防范，减少此类案件的发生。

"伍什反诈"工作人员，要认真贯彻落实领导指示，进一步提高政治站位，做好宣传推广，提高群众的了解程度，杜绝此类诈骗案件的发生。

"伍什反诈"工作人员，要告知群众下列内容："不要接听 00＋号开头或汉字显示境外的电话""疫情随访不会询问您的资金账号""不要跟任何人开通屏幕共享""公检法不会远程视频办案，更不会有什么安全账户"。疫情随访时统称"济南疫情防控随访工作人员"称谓，同时告知随访对象"随访电话不会涉及您的银行卡、支付宝等资金账户"。

附：冒充疫情随访电话实施诈骗的作案手法和重点群体

（1）作案手法：诈骗分子从境外拨打电话，自称是防疫人员或公安人员，要求配合调查，通过视频指挥被害人操作手机限制呼叫及短信下载"多聊""瞩目"等 App，进入会议开户"屏幕共享"，进入支付宝、微信、网银等账户，获取当事人账户信息、转账密码，从而将被害人账户上的资金转走。

（2）重点群体：被害人大多为 30—40 岁的居家女性，接触社会少，听到诈骗分子的威胁后，精神紧张、思维混乱，导致被骗。

"伍什反诈"指导调度攻坚组

二〇二二年十一月二十四日

2. 工作提醒（二）

舜和嘉园小区居民、小洛庄村民请注意：

我们是"伍什反诈"工作人员，现在向大家提醒两件事。

一是元旦、春节临近，请大家注意防范电信网络诈骗。

二是请到物业办公室、村委办事大厅，领取"易被诈骗风险评估表"，自行测试易被诈骗风险，了解自己易被诈骗风险，增强反诈防骗意识。

谢谢配合！

"伍什反诈"指导调度攻坚组
二〇二二年十二月二十六日

四、"伍什反诈"工作图文集

自 2021 年 11 月份以来，济南市公安局莱芜区分局张家洼派出所民警刁玉锋，针对当前电信网络诈骗频发的严峻形势，立足社区民警岗位，不断探索，不断研究，撰写了"伍什反诈"工作法。济南市副市长、市公安局局长王茂祯，莱芜区原副区长、区公安分局原局长赵锋，莱芜区副区长、区公安分局局长韩冰，对"伍什反诈"工作法分别做了重要批示：要求尽快试点论证，总结出可复制可推广的经验。根据领导批示精神，市局刑警支队、莱芜区分局、刑警大队、反诈中心、张家洼街道办事处、张家洼派出所、张家洼街道办事处小洛庄村、舜和嘉园小区物业都高度重视，都积极地投入了"伍什反诈"试点工作中。下面分别以图文的形式，展现各单位在"伍什反诈"试点工作中的工作。（以时间顺序排列）

1. 2022 年 8 月 26 日下午，分局局领导李培荣召集专题会议，就张家洼派出所刁玉锋提出的"伍什反诈"工作法进行了细致研究。反诈中心与花园、官寺、梁坡派出所优秀社区民警参加了会议。

会上，刁玉锋同志详细介绍了"伍什反诈"工作法运行机制，与会同志分别提出意见建议。最后，李培荣同志对刁玉锋同志勇于探索的精神进行了肯定，并提出要求进一步完善机制，选择合适社区试行，对可行性进行探索，争取打造成可复制可推广的经验。

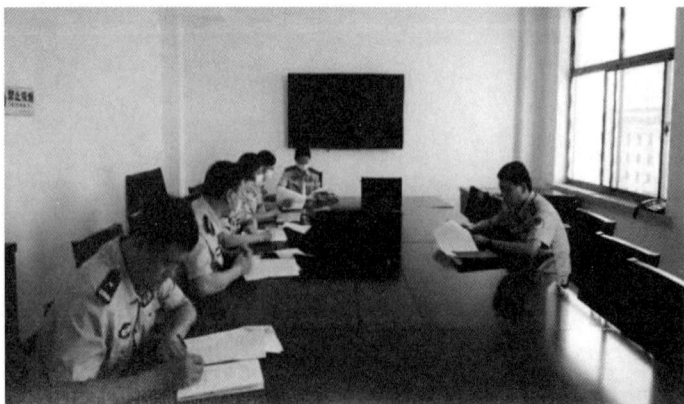

2. 2022 年 8 月 29 日，张家洼派出所召开会议，听取民警刁玉锋解读"伍什反诈"工作法，其他民警分别谈了自己看法，王建所长、马克教导员就下一步如何完善、如何试点等工作进行了部署安排。

3. 2022 年 9 月 7 日，济南市公安局刑警支队副支队长李善彤同志、七大队副大队长刘可峰同志一行到莱芜区分局调研指导工作。分局局领导李培荣同志、张家洼派出所所长王建同志、刑警大队反诈专班民警、城区派出所社区民警代表参加会议。

　　会上,李善彤同志听取了局领导李培荣同志汇报莱芜区分局"'伍什反诈'、天下无诈"反诈防范工作法的前期研讨及试点工作进展情况等,社区民警结合本辖区反电诈防范工作现状及下步工作方向逐一汇报。李善彤同志充分肯定了此工作法的初衷及分局前期工作思路,并就下一步工作方向,提出了指导性意见。

　　4. 2022年9月16日上午,张家洼派出所所长王建、民警刁玉锋,到张家洼街道办事处综治办,向综治办主任张强汇报并协调在小洛庄舜和嘉园小区推进"伍什反诈"试点工作。至此试点工作正式启动。

5. 2022 年 9 月 16 日上午，张家洼街道办事处综治办主任张强、张家洼派出所所长王建、王善社区书记孟庆会、民警刁玉锋，到小洛庄村与小洛庄村党总支书记刘常广、治安主任颜世永，协调在舜和嘉园小区推进"伍什反诈"试点工作事宜。

6. 2022 年 9 月 19 日，张家洼派出所教导员马克与民警刁玉锋带领辅警及村居、小区工作人员，在小洛庄舜和嘉园小区对居民进行易被诈骗风险评估。

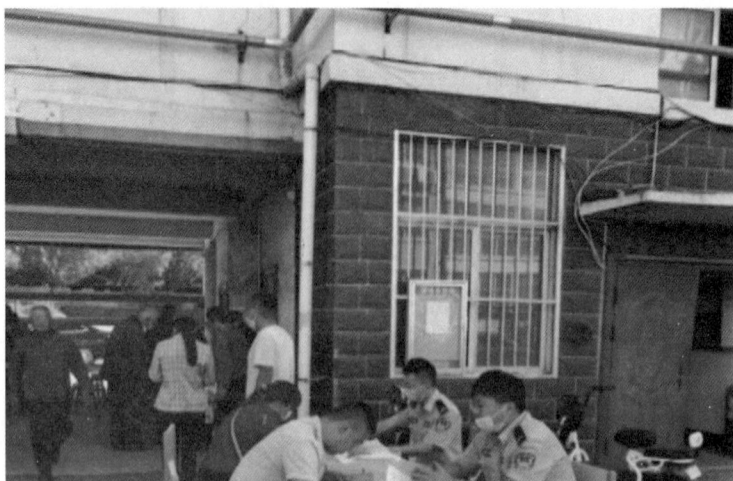

7. 2022 年 9 月 22 日，张家洼派出所民警刁玉锋带领辅警及村居、小区工作人员，继续在小洛庄舜和嘉园对小区居民进行易被诈骗风险评估，力争风险评估不落一人。

8. 2022 年 10 月 12 日，张家洼派出所民警刁玉锋在"伍什反诈"试点单位（张家洼街道办事处小洛庄舜和嘉园小区），组织"伍什反诈"防范实操组长、"伍什反诈"管理反馈组长、"伍什反诈"问题汇总组长进行"伍什反诈"工作培训。

9. 2022 年 10 月 13 日，张家洼派出所民警刁玉锋带领辅警在"伍什反诈"试点单位（张家洼街道办事处小洛庄舜和嘉园小区），发放"伍什反诈"工作调查问卷，征求群众对"伍什反诈"工作的意见、建议。

10. 2022 年 10 月 20 日下午，张家洼派出所"伍什反诈"指导调度攻坚组成员，民警刁玉锋、辅警张呈林与因购买"天心玺服装"差点被诈骗的高风险人员朱××面对面劝阻座谈，通过预警劝阻，朱××认识到了犯罪嫌疑人以"天心玺"项目为诱饵，诱骗群众购买"天心玺服装"统一到北京开会，谎称届时每人会得到 55 万元钱，是一个以民族资产解冻为幌子的诈骗骗局。朱××对民警的劝阻表示感谢，愿意配合民警进行"伍什反诈"，并愿意向其他群众宣传"伍什反诈"。

11. 2022 年 10 月 22 日，"伍什反诈"指导调度攻坚组民警刁玉锋到辖区分别召开不同人员座谈会，了解"伍什反诈"工作情况并征求群众对"伍什反诈"工作的意见。

12. 2022 年 10 月 25 日，莱芜分局局领导刘元斌，到张家洼派出所调研"伍什反诈"试点开展工作情况，张家洼派出所所长王建对"伍什反诈"的组织领导工作情况做了汇报，民警刁玉锋汇报了试点单位开展"伍什反诈"工作情况，局领导刘元斌对下步试点工作做了安排和部署。

13. 2022 年 10 月 27 日上午，张家洼派出所"伍什反诈"指挥调度攻坚组民警刁玉锋、辅警张呈林，到"伍什反诈"试点舜和嘉园小区检查"伍什反诈"红色高风险防范实操组第一周、第二周开展工作情况；同时检查管理反馈组第一周、第二周开展工作情况。

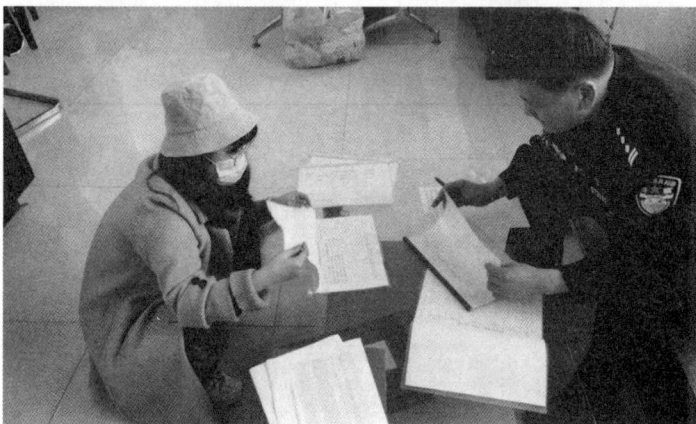

14. 2022 年 11 月 9 日，张家洼派出所"伍什反诈"指导调度攻坚组民警刁玉锋、辅警张呈林，到"伍什反诈"试点舜和嘉园小区进行指导检查，对"伍什反诈"问题汇总组长（兼红色高风险防范实操组一组组长）的工作记录进行了检查指导，指出了存在的问题及努力方向。

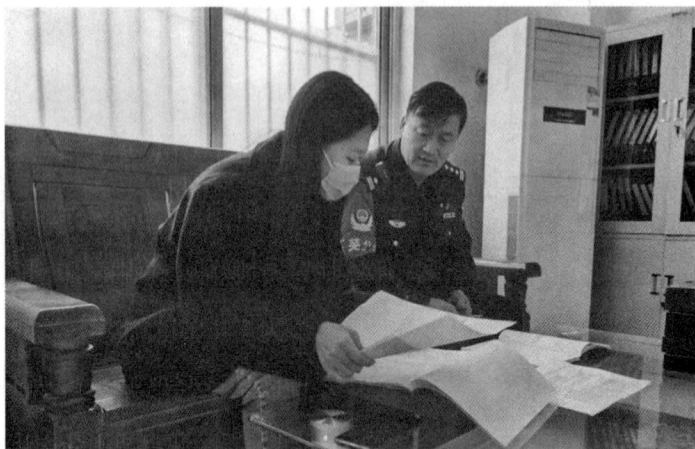

15. 2022 年 11 月 15 日 14 时 30 分至 15 时 30 分，"伍什反诈"指导调度攻坚组民警刁玉锋对"伍什反诈"防范实操组的 6 个组（红色高风险组 2 个、黄色中风险组 2 个、蓝色低风险组 2 个）、"伍什反诈"管理反馈组、"伍什反诈"问题汇总组的工作记录情况进行检查。

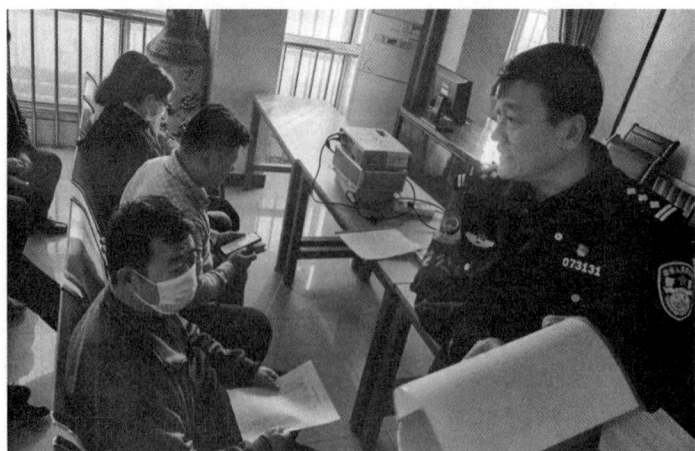

16. 2022 年 11 月 15 日 15 时 50 分至 17 时 10 分，张家洼派出所"伍什反诈"指导调度攻坚组民警刁玉锋、辅警张呈林，到"伍什反诈"试点单位张家洼街道办事处小洛庄舜和嘉园小区，组织召开"伍什反诈"月讲评会议。

17. 2022 年 11 月 21 日，"伍什反诈"指导调度攻坚组民警刁玉锋，指导"伍什反诈"工作人员在试点小区张贴反诈宣传画。

18. 2022年11月25日，"伍什反诈"指导调度攻坚组民警刁玉锋，与"伍什反诈"工作人员在试点小区与群众座谈了解，征求群众意见建议。

19. 2022年11月25日，"伍什反诈"指导调度攻坚组民警刁玉锋，与"伍什反诈"工作人员在试点小区与"伍什反诈"问题汇总组组长刘孟宇调度"伍什反诈"管理反馈组长、"伍什反诈"防范实操组长开展工作情况。

20. 2022 年 11 月 29 日，"伍什反诈"指导调度攻坚组民警，与"伍什反诈"工作人员在试点小区与"伍什反诈"试点小区所属的村居小洛庄村委、村治安主任颜世永等人座谈，了解"伍什反诈"宣传工作，颜世永建议在小区安装专门用于反诈的宣传栏，以教育小区群众自觉反诈。

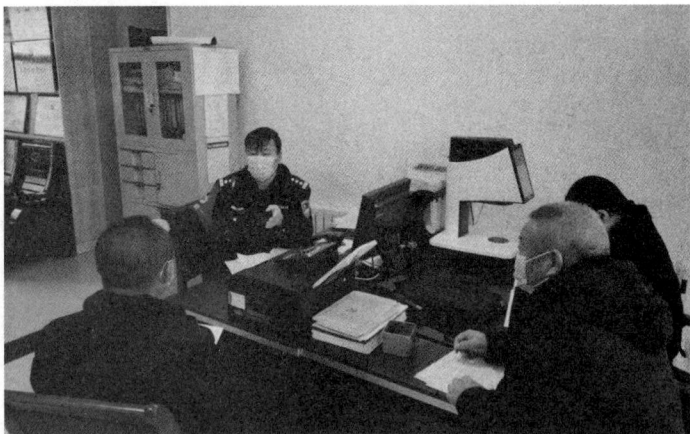

21. 2022 年 12 月 13 日上午，"伍什反诈"指导调度攻坚组民警刁玉锋，与"伍什反诈"工作人员在"伍什反诈"试点小区检查"伍什反诈"问题汇总组、"伍什反诈"管理反馈组、"伍什反诈"易被诈骗风险实操各组组长的工作记录，调度工作进展情况，指出存在问题。

22. 2022 年 12 月 15 日下午，"伍什反诈"指导调度攻坚组民警刁玉锋，在试点小区与"伍什反诈"试点小区所属的村居小洛庄村党总支书记刘常广、"伍什反诈"问题汇总组组长刘孟宇、管理反馈组组长周旋，研究召开"伍什反诈"季度小结会事宜。

23. 2022 年 12 月 19 日下午，"伍什反诈"指导调度攻坚组民警刁玉锋，在试点小区召集"伍什反诈"问题汇总组组长、管理反馈组组长、防范实操组组长，召开"伍什反诈"季度小结会。

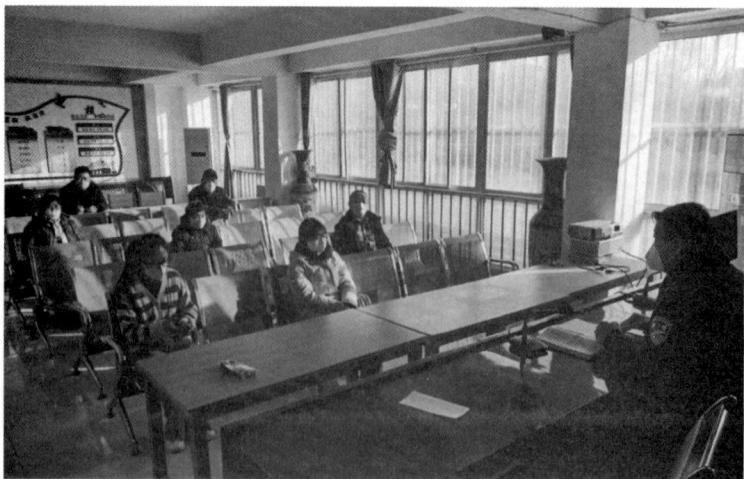

24. 2022 年 12 月 29 日上午，"伍什反诈"指导调度攻坚组民警刁玉锋，带领辅警及部分"伍什反诈"工作组长，在试点小区向群众发放"伍什反诈"易被诈骗风险评估表，让群众自行测试易被诈骗风险，了解自己易被诈骗风险，增强群众反诈防骗意识。

25. 2023 年 1 月 4 日上午，济南市公安局莱芜区分局局领导李伦德，在张家洼派出所，就"伍什反诈"试点工作及推广工作做指示。派出所要严格按照程序完成试点工作，要加大对"伍什反诈"的宣传力度，及时总结修正《"伍什反诈"工作指南》，尽快将"伍什反诈"总结出可复制可推广的经验，为全区的反电信网络诈骗工作做出贡献。

26. 2023 年 1 月 4 日上午，"伍什反诈"指导调度攻坚组民警刁玉锋，调度检查"伍什反诈"易被诈骗风险评估表发放情况，鼓励"伍什反诈"问题汇总组长、管理反馈组长、防范实操组长要克服疫情带来的不利影响，履职尽责，让群众自行测试易被诈骗风险，了解自己易被诈骗风险，增强群众反诈防骗意识。

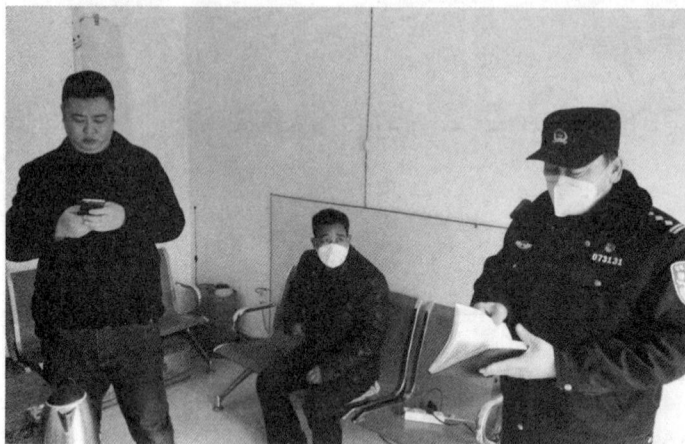

27. 2023 年 1 月 16 日上午，"伍什反诈"指导调度攻坚组民警刁玉锋，调度检查"伍什反诈"各组长开展工作情况，并对各组长的"伍什反诈"工作记录逐一检查，现场指出问题。

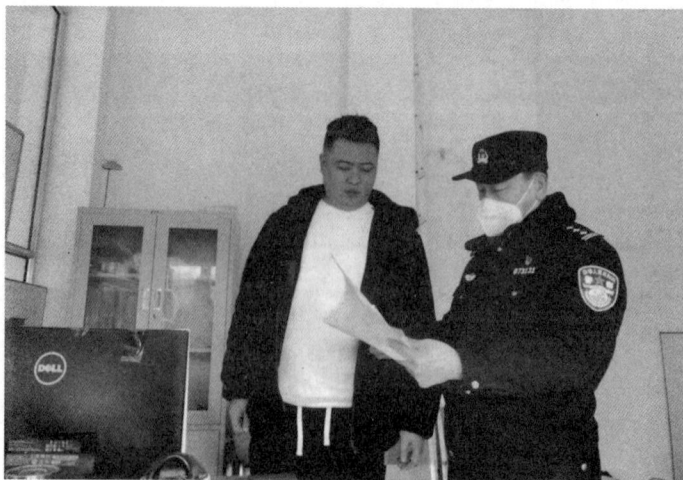

28. 2023 年 1 月 16 日下午，济南市公安局莱芜区分局反诈中心民警李霞到张家洼派出所调研"伍什反诈"工作，"伍什反诈"指导调度攻坚组民警刁玉锋，就"伍什反诈"的试点工作情况做了说明。

29. 2023 年 1 月 19 日 15 时 00 分至 16 时 00 分，张家洼派出所"伍什反诈"指导调度攻坚组民警刁玉锋、辅警张呈林，到"伍什反诈"试点单位张家洼街道办事处小洛庄舜和嘉园小区，组织召开"伍什反诈"月讲评会议。

30. 2023 年 1 月 30 日上午，张家洼派出所"伍什反诈"指导调度攻坚组民警刁玉锋、辅警张呈林，到"伍什反诈"试点单位张家洼街道办事处小洛庄舜和嘉园小区，与驻村第一书记、村治安主任了解春节期间舜和嘉园小区"伍什反诈"工作情况。

31. 2023 年 2 月 9 日下午，张家洼派出所民警刁玉锋结合"伍什反诈"试点工作，向刑警大队大队长陈晓明、民警陈元明解读"伍什反诈"，刑警大队大队长陈晓明、民警陈元明对民警刁玉锋创新"伍什反诈"工作法给予了充分肯定。

32. 2023 年 2 月 14 日下午，济南市公安局莱芜区分局局领导赵劲松、刑警大队大队长陈晓明、反诈中心民警李霞一行三人，到张家洼派出所专题调研"伍什反诈"工作法，民警刁玉锋结合"伍什反诈"试点工作，详细解读了"伍什反诈"，局领导赵劲松对民警刁玉锋创新"伍什反诈"工作法给予了充分肯定，并就"伍什反诈"工作提出了要求。

33. 2023 年 2 月 23 日下午，济南市公安局莱芜区分局召开全区电诈防控部署暨"伍什反诈"座谈会议。

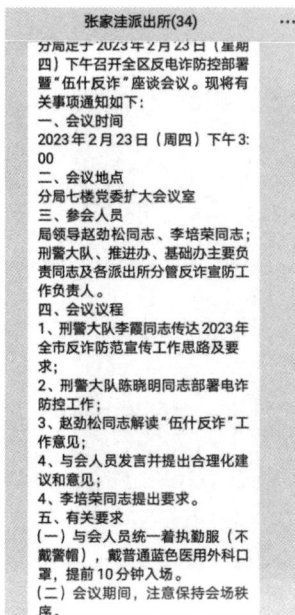

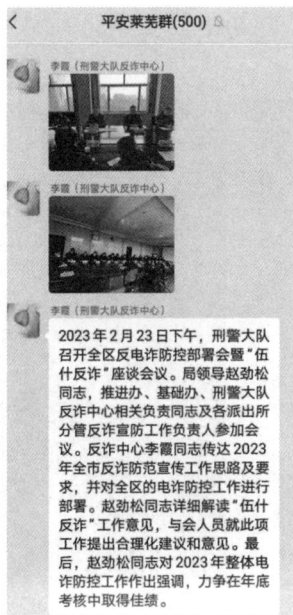

34. 2023 年 2 月 28 日上午，分局召开"伍什反诈"工作研讨会。

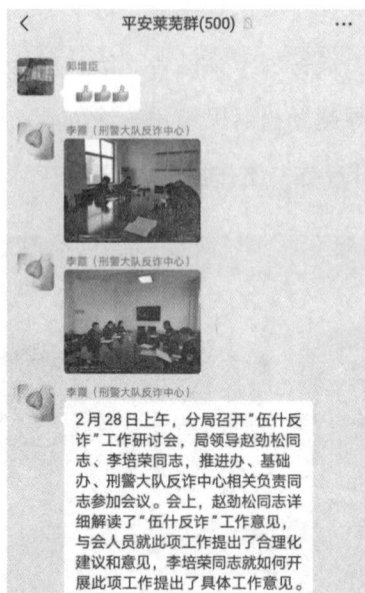

35. 2023 年 3 月 8 日上午，张家洼派出所民警刁玉锋到"伍什反诈"试点小区，调度检查"伍什反诈"工作开展情况，重点检查了"伍什反诈"易被诈骗红色高风险实操组"三问三看、两提醒、一汇报"开展情况，指出了工作表记录存在的问题。

36. 2023 年 3 月 26 日，"伍什反诈"工作指导调度攻坚组组织召开"伍什反诈"试点工作考核验收启动会，安排部署迎接考核验收的各项准备工作，并就考核验收中的一些问题进行解读培训。

37. 2023 年 4 月 8 日，召开"伍什反诈"试点工作总结会并组织各组长相互观摩"伍什反诈"工作记录。

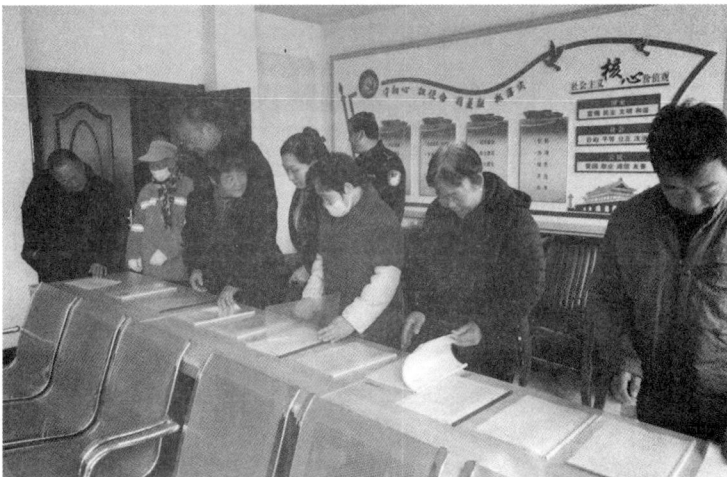

平安莱芜群(500)

下午3:04

李震（刑警大队反诈中心）

李震（刑警大队反诈中心）

李震（刑警大队反诈中心）

5月18日上午，分局召开"伍什反诈"工作讨论会，局领导赵劲松同志，推进办、基础办、刑警大队负责同志等参加会议。会上，陈晓明同志介绍"伍什反诈"工作有关情况，与会人员就此项工作提出了合理化建议和意见，赵劲松同志就如何开展此项工作提出了具体工作意见。

下午3:08

李震（刑警大队反诈中心）

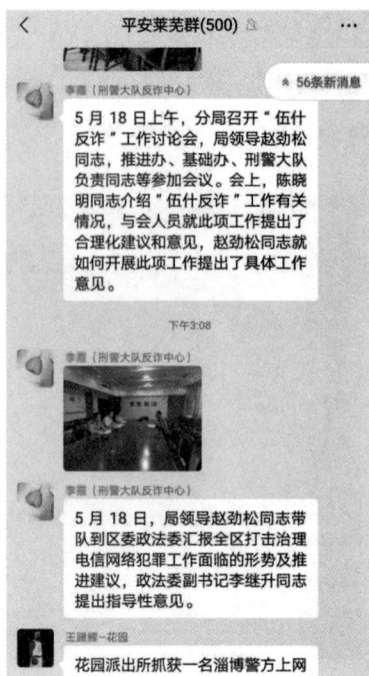

平安莱芜群(500)

56条新消息

李震（刑警大队反诈中心）

5月18日上午，分局召开"伍什反诈"工作讨论会，局领导赵劲松同志，推进办、基础办、刑警大队负责同志等参加会议。会上，陈晓明同志介绍"伍什反诈"工作有关情况，与会人员就此项工作提出了合理化建议和意见，赵劲松同志就如何开展此项工作提出了具体工作意见。

下午3:08

李震（刑警大队反诈中心）

李震（刑警大队反诈中心）

5月18日，局领导赵劲松同志带队到区委政法委汇报全区打击治理电信网络犯罪工作面临的形势及推进建议，政法委副书记李继升同志提出指导性意见。

王建辉—花园

花园派出所抓获一名淄博警方上网

五、济南市莱芜区张家洼街道办事处小洛庄村舜和嘉园小区"伍什反诈"试点工作总结

自 2021 年 6 月份以来，济南市公安局莱芜区分局张家洼派出所民警刁玉锋，针对当前电信网络诈骗频发的严峻形势，深入社区调查研究，提出了"伍什反诈"工作法并在工作中不断完善。2022 年 9 月初，在济南市莱芜区张家洼街道办事处王善管区小洛庄村舜和嘉园小区（2022 年 6、7、8 三个月连续发生电信网络诈骗案件 5 起，其中一起被诈骗金额 120 余万元）试点，至 2023 年 3 月底结束，试点时间历时 7 个多月，已圆满完成"伍什反诈"试点的各项工作任务。试点单位原来是电信网络诈骗的高发小区，通过开展"伍什反诈"，该小区参与"伍什反诈"的人员，未发生一起电信网络诈骗案件，构建"伍什反诈"防范网络，筑牢"伍什反诈"防火墙，增强人民群众反电信网络诈骗的意识和能力，实现了电信网络诈骗真正可防可控的目标。通过试点，民警刁玉锋编撰完成了《伍什反诈》《伍什反诈工作指引》两本指导基层防范电信网络诈骗工作的书籍，为基层反电信网络诈骗工作提供了理论依据和实践借鉴。

"伍什反诈"试点成功的经验归结于以下三点：

（一）领导重视

济南市副市长、市公安局局长王茂祯，莱芜区原副区长、市公安局莱芜区分局原局长赵锋，莱芜区副区长、市公安局莱芜区分局局长韩冰，对"伍什反诈"工作法分别做了重要批示：要求尽快试点论证，总结出可复制可推广的经验。

下面以时间为序，来说明各级领导重视关心"伍什反诈"试点工作情况。

2022 年 8 月 26 日下午，分局局领导李培荣召集专题会议，就张家洼派出所刁玉锋提出的"伍什反诈"工作法进行了细致研究。反诈中心与花园、官

寺、梁坡派出所优秀社区民警参加了会议。会上，刁玉锋同志详细介绍了"伍什反诈"工作法运行机制，与会同志分别提出意见建议。最后，李培荣同志对刁玉锋同志勇于探索的精神进行了肯定，并提出要求进一步完善机制，选择合适社区试行，对可行性进行探索，争取打造成可复制可推广的经验。

2022 年 8 月 29 日，张家洼派出所召开会议，听取民警刁玉锋解读"伍什反诈"工作法，其他民警分别谈了自己看法，王建所长、马克教导员就下一步如何完善、如何试点等工作进行了部署安排。

2022 年 9 月 7 日，刑警支队副支队长李善彤同志、七大队副大队长刘可峰同志一行到莱芜区分局调研指导工作。分局局领导李培荣同志、张家洼派出所负责人王建同志、刑警大队反诈专班民警、城区派出所社区民警代表参加会议。会上，李善彤同志听取了局领导李培荣同志汇报莱芜区分局"'伍什反诈'、天下无诈"反诈防范工作法的前期研讨及试点工作进展情况等，社区民警结合本辖区反电诈防范工作现状及下步工作方向逐一汇报。李善彤同志充分肯定了此工作法的初衷及分局前期工作思路，并就下一步工作方向，提出了指导性意见。

2022 年 9 月 16 日上午，张家洼派出所所长王建、民警刁玉锋，到张家洼街道办事处综治办，向综治办主任张强汇报并协调在小洛庄舜和嘉园小区推进"伍什反诈"试点工作。至此试点工作正式启动。

2022 年 9 月 16 日上午，张家洼街道办事处综治办主任张强、张家洼派出所所长王建、王善社区书记孟庆会、民警刁玉锋，到小洛庄村与小洛庄村党总支书记刘常广、治安主任颜世永，协调在舜和嘉园小区推进"伍什反诈"试点工作事宜。

2022 年 9 月 19 日，张家洼派出所教导员马克与民警刁玉锋带领辅警及村居、小区工作人员，在小洛庄舜和嘉园小区对居民进行易被诈骗风险评估。

2022 年 10 月 25 日，莱芜分局局领导刘元斌，到张家洼派出所调研"伍什反诈"试点开展工作情况，张家洼派出所所长王建对"伍什反诈"的组织领导工作情况做了汇报，民警刁玉锋汇报了试点单位开展"伍什反诈"工作情况，局领导刘元斌对下步试点工作做了安排和部署。

2022年12月15日下午，"伍什反诈"指导调度攻坚组民警刁玉锋，在试点小区与"伍什反诈"试点小区所属的村居小洛庄村党总支书记刘常广、"伍什反诈"问题汇总组组长刘孟宇、管理反馈组组长周旋，研究召开"伍什反诈"季度小结会事宜。

2023年1月4日上午，济南市公安局莱芜区分局局领导李伦德，在张家洼派出所，就"伍什反诈"试点工作及推广工作做指示。派出所要严格按照程序完成试点工作，要加大对"伍什反诈"的宣传力度，及时总结修正《"伍什反诈"工作指南》，尽快将"伍什反诈"总结出可复制可推广的经验，为全区的反电信网络诈骗工作做出贡献。

2023年1月16日下午，济南市公安局莱芜区分局反诈中心民警李霞到张家洼派出所调研"伍什反诈"工作，"伍什反诈"指导调度攻坚组民警刁玉锋，就"伍什反诈"的试点工作情况做了说明。

2023年2月9日下午，张家洼派出所民警刁玉锋结合"伍什反诈"试点工作，向刑警大队负责人陈晓明、民警陈元明解读"伍什反诈"，刑警大队负责人陈晓明、民警陈元明对民警刁玉锋创新"伍什反诈"工作法给予了充分肯定。

2023年2月14日下午，济南市公安局莱芜区分局局领导赵劲松、刑警大队负责人陈晓明、反诈中心民警李霞一行三人，到张家洼派出所专题调研"伍什反诈"工作法。民警刁玉锋结合"伍什反诈"试点工作，详细解读了"伍什反诈"，局领导赵劲松对民警刁玉锋创新"伍什反诈"工作法给予了充分肯定，并就"伍什反诈"工作中的一些问题提出了要求。

2023年2月23日下午，刑警大队召开全区反诈防控部署会暨"伍什反诈"座谈会，局领导赵劲松同志，推进办、基础办、反诈中心相关负责同志及各派出所分管反诈宣传工作负责人参加会议，赵劲松同志详细解读了"伍什反诈"工作意见，与会人员就此项工作提出了合理化建议和意见。

2023 年 2 月 28 日上午，分局召开"伍什反诈"工作研讨会，局领导赵劲松同志、李培荣同志，推进办、基础办、刑警大队反诈中心负责同志参加会议，赵劲松同志详细解读了"伍什反诈"工作意见，与会人员就此项工作提出了合理化建议和意见。李培荣同志就如何开展此项工作提出了具体工作意见。

正是在各级领导高度重视关怀下，"伍什反诈"试点工作才得以顺利实施并圆满顺利完成。

（二）依"法"实施

开展"伍什反诈"工作，应严格按照"伍什反诈"工作法规定的方法步骤实施。

一是成立了"伍什反诈"工作组织机构。

及时成立"伍什反诈"工作领导组、工作指导调度攻坚组、易被诈骗风险综合评估组、易被诈骗风险问题汇总组、易被诈骗风险管理反馈组、易被诈骗风险防范实操组。

成立了由张家洼街道党工委副书记、张家洼街道办事处综治办主任、张家洼派出所所长、张家洼街道办事处王善社区书记、张家洼街道办事处小洛庄村党总支书记为成员的"伍什反诈"工作领导组；成立了由张家洼派出所教导员、张家洼派出所副所长、张家洼派出所民警、张家洼街道办事处小洛庄村党总支书记、张家洼派出所辅警、舜和嘉园物业经理组成的易被诈骗风险综合评估组；成立了由张家洼派出所副所长、张家洼派出所民警、张家洼派出所辅警、小洛庄村治安主任组成的"伍什反诈"工作指导调度攻坚组；成立了由小洛庄村妇女主任担任组长的"伍什反诈"问题汇总组；成立了由小洛庄村乡村振兴员担任组长的"伍什反诈"管理反馈组；成立了由舜和嘉园物业经理、村干部、公益岗人员、网格员组成的六个"伍什反诈"易被诈骗风险实操组。

二是测评电信网络诈骗被害人，确定易被诈骗高风险下限分值标准。

测评电信网络诈骗被害人，确定易被诈骗高风险下限分值标准，就要坚持属地测评，能测尽测，选取时间跨度适中，涵盖诈骗类型齐全的要求。

在"伍什反诈"工作展开前，通过使用易被诈骗风险评估表，先对"伍什反诈"工作2022年以来派出所区域内38名被电信网络诈骗的被害人进行易被诈骗风险评估打分。在此基础上，我们又对被测评的电信网络诈骗被害人的情况进行走访座谈了解情况，并对每个被害人进行打分。然后将每个人两项打分相加后，取被评估的38名被害人综合评估分数的平均分数45分。因此，我们在开展"伍什反诈"时，就把易被诈骗风险综合评估分数在45分以上人员，作为综合评估易被诈骗红色高风险的基数人员加以分类，从而确定易被诈骗红色高风险人员及数量。

三是统计分析，确定评估范围。

统计分析，确定评估范围。就是摸排情况要全面，统计数字要准确，评估重点要明晰，其他人员要兼顾。

小洛庄村舜和嘉园小区共750户，1935人，经过统计分析，参与易被诈骗风险评估的人员共计593人。

四是初测初评、综合评估确定易被诈骗风险等级。

初测初评、综合评估确定易被诈骗风险等级，是直接关系着整个"伍什反诈"工作成效的大事。若要把初测初评、综合评估确定易被诈骗风险等级这项工作做好，使"伍什反诈"的易被诈骗风险防范重点人员能够水落石出，一目了然，清晰可见，必须要做到严谨细致，认真负责，考虑周到，综合考量，准确无误，才能达到所需的工作要求。任何应付差事、走过场、差不多的思想工作作风都是要不得的。

小洛庄村舜和嘉园小区共750户，1935人，经过统计分析，参与易被诈骗风险评估的人员共计593人。经过易被诈骗综合评估后，确定了易被诈红色高风险人员为 21 人，我们依据红色高风险人员的数量，把不同易被诈骗风险等级人员的数量比例控制在大约 1:5 的比例，即易被诈骗红色高风险人员数量与易被诈骗黄色中风险人员数量的比例大约为 1:5，易被诈骗黄色中风险人员数量与易被诈骗蓝色低风险人员数量的比例大约为 1:5。由此我们确定了易被诈骗黄色中风险人员为 100 人，其中男性 45 人，女性 55 人。共确定了易被诈骗蓝色低风险人员 472 人，其中男性 213 人，女性 259 人。

五是分类编组，确定组长，组织培训。

分类编组，确定组长，组织培训。就是要把握好"区分等级，合理编组；思想为先，能力相当；删繁就简，突出精要"的要求。

根据对参加易被诈骗评估的人员进行综合评估后的人员分类，我们把易被诈骗红色高风险人员划分为两个组：红色高风险一组 10 人，红色高风险二组 11 人；把易被诈骗黄色中风险人员划分为两个组：黄色中风险一组 50 人，黄色中风险二组 50 人；把易被诈骗蓝色低风险人员划分为两个组：蓝色低风险一组 230 人，蓝色低风险二组 242 人。

根据实际情况，确定了六名易被诈骗风险防范实操组长、一名易被诈骗风险问题汇总组长、一名易被诈骗风险管理反馈组长。

组织人员对"伍什反诈"易被诈骗风险防范实操组长、"伍什反诈"易被诈骗风险管理反馈组长、"伍什反诈"易被诈骗风险问题汇总组长进行《"伍什反诈"工作指引》的学习培训，使工作人员学懂弄通"伍什反诈"工作法精髓要义，明确工作任务、工作职责、工作流程、工作要求、工作标准。组织学习《反电信网络诈骗法》、电信网络诈骗类型特点、如何防范电信网诈骗等涉及电信网络诈骗方面的知识，使各级"伍什反诈"工作组长对电信网络诈骗有一个全面的了解，对电信网络诈骗的套路、手段有一个基本的了解。组织各级"伍什反诈"工作组长，学会与群众打交道、做群众工作的技巧方法，真正成为人民群众信任的防范电信网络诈骗的贴心人、保护神。

六是展开实施，履职尽责。

展开实施，履职尽责。就是要做到按部就班，方法灵活，换位思考，真诚帮助。各级各类组长都能严格按照各自担负的任务，认真履行各自的职责要求，保证了"伍什反诈"试点工作的正常进行。

2022年10月13日，"伍什反诈"工作试点小区的"伍什反诈"易被诈骗红色高风险防范实操一组组长刘××在工作中发现：电信网络诈骗犯罪嫌疑人以"天心玺"项目为诱饵，通过微信群中发布信息诱骗参与人员"购买天心玺服装"，统一着装在2022年10月15日之前去北京参会，谎称届时会每人发放55万元，并强调会议和二十大一起召开，只有在10月15日前到北京才可报名参会，是民族资产解冻类诈骗，"伍什反诈"试点小区居民朱××也在微信群中上传了自己的信息。发现这一情况后，"伍什反诈"易被诈骗红色高风险防范实操一组组长及时报告预警，将朱××列入易被诈骗红色高风险防范实操一组进行管理，后经"伍什反诈"指导调度攻坚组民警劝阻，朱××认识到了自己的行为有被诈骗的风险，愿意配合反诈工作人员防范诈骗，愿意帮助别人进行反诈宣传。经了解，在对该"伍什反诈"试点小区易被诈骗风险评估时，朱××因在外地工作，并未参加易被诈骗风险评估，其回来后，也未纳入"伍什反诈"易被诈骗防范实操组管理。

七是调度检查、讲评小结、考核验收。

若要"伍什反诈"工作取得良好效果，善始善终地完成"伍什反诈"工作任务，及时调度检查，客观讲评小结，严格考核验收，也是必不可少的工作要求。

在这里我们以"伍什反诈"工作指导调度攻坚组的工作为例来说明。

2022年9月19日，张家洼派出所教导员马克与民警刁玉锋带领辅警及村居、小区工作人员，在小洛庄舜和嘉园小区对居民进行易被诈骗风险评估。

2022年9月22日，张家洼派出所民警刁玉锋带领辅警及村居、小区工作人员，继续在小洛庄舜和嘉园对小区居民进行易被诈骗风险评估，力争风险评估不落一人。

2022年10月12日，张家洼派出所民警刁玉锋在"伍什反诈"试点单位（张家洼街道办事处小洛庄舜和嘉园小区），组织"伍什反诈"防范实操组长、"伍什反诈"管理反馈组长、"伍什反诈"问题汇总组长进行"伍什反诈"工作培训。

2022年10月13日，张家洼派出所民警刁玉锋带领辅警在"伍什反诈"试点单位（张家洼街道办事处小洛庄舜和嘉园小区），发放"伍什反诈"工作问卷调查，征求群众对"伍什反诈"工作的意见、建议。

2022年10月20日下午，张家洼派出所"伍什反诈"指导调度攻坚组成员，民警刁玉锋、辅警张呈林与因购买"天心玺服装"差点被诈骗的高风险人员朱××面对面劝阻座谈，通过预警劝阻，朱××认识到了犯罪嫌疑人以"天心玺"项目为诱饵，诱骗群众购买"天心玺服装"统一到北京开会，届时每人会得到55万元钱，是一个以民族资产解冻为幌子的诈骗骗局。朱××对民警的劝阻表示感谢，愿意配合民警进行"伍什反诈"，并愿意向其他群众宣传"伍什反诈"。

2022年10月22日，"伍什反诈"指导调度攻坚组民警刁玉锋到辖区分别召开不同人员座谈会，了解"伍什反诈"工作情况并征求群众对"伍什反诈"工作的意见。

2022年10月27日上午，张家洼派出所"伍什反诈"指挥调度攻坚组民警刁玉锋、辅警张呈林，到"伍什反诈"试点舜和嘉园小区检查"伍什反诈"红色高风险防范实操组第一周、第二周开展工作情况；同时检查管理反馈组第一周、第二周开展工作情况。

2022年11月9日，张家洼派出所"伍什反诈"指导调度攻坚组民警刁玉锋、辅警张呈林，到"伍什反诈"试点舜和嘉园小区进行指导检查，对"伍什反诈"问题汇总组长（兼红色高风险防范实操组一组组长）的工作记录进行了检查指导，指出了存在的问题及努力方向。

2022年11月15日14时30分至15时30分，"伍什反诈"指导调度攻坚组民警刁玉锋对"伍什反诈"防范实操组的6个组（红色高风险组2个、黄色中风险组2个、蓝色低风险组2个）、"伍什反诈"管理反馈组、"伍什反诈"问题汇总组的工作记录情况进行检查。

2022年11月15日15时50分至17时10分，张家洼派出所"伍什反诈"指导调度攻坚组民警刁玉锋、辅警张呈林，到"伍什反诈"试点单位张家洼街道办事处小洛庄舜和嘉园小区，组织召开"伍什反诈"月讲评会议。

2022年11月21日，"伍什反诈"指导调度攻坚组民警刁玉锋，指导"伍什反诈"工作人员在试点小区张贴反诈宣传画。

2022年11月25日，"伍什反诈"指导调度攻坚组民警刁玉锋，与"伍什反诈"工作人员在试点小区与群众座谈了解群众意见建议。

2022年11月25日，"伍什反诈"指导调度攻坚组民警刁玉锋，与"伍什反诈"工作人员在试点小区与"伍什反诈"问题汇总组组长刘孟宇调度"伍什反诈"管理反馈组长、"伍什反诈"防范实操组长开展工作情况。

2022年11月29日，"伍什反诈"指导调度攻坚组民警，与"伍什反诈"工作人员在试点小区与"伍什反诈"试点小区所属的村居小洛庄村委、村治安主任颜世永等人座谈，了解"伍什反诈"宣传工作，颜世永建议在小区安装专门用于反诈的宣传栏，以教育小区群众自觉反诈。

2022年12月13日上午，"伍什反诈"指导调度攻坚组民警刁玉锋，与"伍什反诈"工作人员在"伍什反诈"试点小区检查"伍什反诈"问题汇总组、"伍什反诈"管理反馈组、"伍什反诈"易被诈骗风险实操各组组长的工作记录，调度工作进展情况，指出存在问题。

2022年12月15日下午，"伍什反诈"指导调度攻坚组民警刁玉锋，在试点小区与"伍什反诈"试点小区所属的村居小洛庄村党总支书记刘常广、"伍什反诈"问题汇总组组长刘孟宇、管理反馈组组长周旋，研究召开"伍什反诈"季度小结会事宜。

2022年12月19日下午，"伍什反诈"指导调度攻坚组民警刁玉锋，在试点小区召集"伍什反诈"问题汇总组组长、管理反馈组组长、防范实操组组长，召开"伍什反诈"季度小结会。

2022年12月29日上午，"伍什反诈"指导调度攻坚组民警刁玉锋，带领辅警及部分"伍什反诈"工作组长，在试点小区向群众发放"伍什反诈"易被诈骗风险评估表，让群众自行测试易被诈骗风险，了解自己易被诈骗风险，增强群众反诈防骗意识。

2023年1月4日上午，"伍什反诈"指导调度攻坚组民警刁玉锋，调度检查"伍什反诈"易被诈骗风险评估表发放情况，鼓励"伍什反诈"问题汇总组长、管理反馈组长、防范实操组长要克服疫情带来的不利影响，履职尽责，让群众自行测试易被诈骗风险，了解自己易被诈骗风险，增强群众反诈防骗意识。

2023年1月16日上午，"伍什反诈"指导调度攻坚组民警刁玉锋，调度检查"伍什反诈"各组长开展工作情况，并对各组长的"伍什反诈"工作记录逐一检查，现场指出问题。

2023年1月19日15时00分至16时00分，张家洼派出所"伍什反诈"指导调度攻坚组民警刁玉锋、辅警张呈林，到"伍什反诈"试点单位张家洼街道办事处小洛庄舜和嘉园小区，组织召开"伍什反诈"月讲评会议。

2023年1月30日上午，张家洼派出所"伍什反诈"指导调度攻坚组民警刁玉锋、辅警张呈林，到"伍什反诈"试点单位张家洼街道办事处小洛庄舜和嘉园小区，与驻村第一书记、村治安主任了解春节期间舜和嘉园小区"伍什反诈"工作情况。

2023年3月8日上午，张家洼派出所民警刁玉锋到"伍什反诈"试点小区，调度检查"伍什反诈"工作开展情况，重点检查了"伍什反诈"易被诈骗红色高风险实操组"三问三看、两提醒、一汇报"开展情况，指出了工作表记录存在的问题。

正是严格按照开展"伍什反诈"的方法步骤，认真履职尽责，"伍什反诈"

试点工作才得以顺利实施并圆满顺利完成。

（三）保障有力

一是工作人员的保障到位。

张家洼派出所全警动员，全力支持"伍什反诈"的试点工作。派出得力民警组织、参与、指导"伍什反诈"试点工作，全程组织参与"伍什反诈"易被诈骗风险评估、指导调度攻坚、考核验收等工作的民警辅警有160余人次。

小洛庄村克服新冠疫情带来的不利影响，为"伍什反诈"试点工作提供了可靠工作人员保障。"伍什反诈"试点小区共计750户，1935人，经过统计分析后，我们对需要进行易被诈骗风险评估的593人，进行了易被诈骗风险评估并划分了风险等级，其中易被诈骗红色高风险人员21人，易被诈骗黄色中风险人员100人，易被诈骗蓝色低风险人员472名，试点小区在工作头绪多，工作人员紧张的情况下，仍然下决心抽出部分人员参与"伍什反诈"试点工作。提供的组长人选有6人，这6人分别是试点小区所在村居的妇女主任1人，乡村振兴员1人，试点小区物业经理1人，另外3人为公益岗人员。在组长人选较为紧张的情况下，我们根据组长人数把各类风险组小组人数的最高极限数值进行了分组，将易被诈骗红色高风险的21人，分为了两组，易被诈骗红色高风险防范实操组一组10人，易被诈骗红色高风险防范实操组二组11人；将易被诈骗黄色中风险的100人，分为了两组，易被诈骗黄色中风险防范实操组一组50人，易被诈骗黄色中风险防范实操组二组50人；将易被诈骗蓝色低风险的472人，分为了两组，蓝色低风险防范实操组一组230人，易被诈骗蓝色低风险防范实操组二组242人。这样易被诈骗各类风险防范实操组长就需要6个人，而易被诈骗红色高风险防范实操组长还缺2人，我们通过让"伍什反诈"易被诈骗风险问题汇总组组长兼任易被诈骗红色高风险防范实操组一组组长，让"伍什反诈"易被诈骗风险管理反馈组长兼任易被诈骗蓝色低风险防范实操组一组组长，解决了这个问题。为了更好地推进"伍什反诈"工作，工作开展一段时间后，我们又协调补充了 2 名工作人员，工作人员达到了 8 名，这样原来兼职的组长就不再兼职，将其兼职的易被诈骗红色高风险防范实操组一组及易被诈骗蓝色低风险防范实操组一组，由新补充的 2 名组长分别担任，这样，每个人都成了专门负责一个组的专职组长。

"伍什反诈"工作开展一段时间后，"伍什反诈"指导调度攻坚组发现有一名组长，文化水平较低，个人事务较多，加之其本人也提出难以胜任其负责的工作，"伍什反诈"指导调度攻坚组与村居进行了协商沟通，及时对该组长进行了替换。在"伍什反诈"试点工作的后期，两名成员离职，二人担负的工作一时无人顶替。经过与小洛庄村协调，小洛庄村克服困难，又想方设法补充了两名组长，"伍什反诈"试点工作得以顺利完成。

舜和嘉园物业济南欧润物业有限公司 3 名物业工作人员，也积极投入"伍什反诈"的试点工作之中，在宣传、发放易被诈骗风险评估表、张贴反诈宣传单方面做出自己应有的贡献。

二是物资保障到位。

张家洼派出所协调鲁中矿业有限公司，印制了 5000 余份易被诈骗风险评估表，用于对试点小区人员进行易被诈骗风险评估。

小洛庄村为"伍什反诈"试点工作提供了强有力的保障。制作"'伍什反诈'天下无诈"等各类宣传横幅四条，准备人员易被诈骗风险评估用的桌子 16 张，椅子 32 把，中性笔 30 支，提供会议室一个，广场一个。

莱芜千云网络有限公司在制作电子版综合性易被诈骗风险评估表方面，无偿提供了技术支持。

正是有了人员、物资、技术的强有力保障，"伍什反诈"试点工作才得以顺利实施并圆满顺利完成。

存在问题：

一是"伍什反诈"易被诈骗风险问题汇总组长、易被诈骗风险管理反馈组长、易被诈骗风险防范实操组长队伍，保持相对稳定上存在问题，更难以做到专职化。

众所周知，"上边千条线，下边一根针"。基层工作头绪多，任务重，各项工作都需要基层干部群众去抓好落实，因此，我们提出要保持"伍什反诈"各组长的相对稳定性，而并非专职化要求。

二是对于新近入住的或在其他地方工作、学习，且一直在工作、学习地点居住，很少回居住地址居住，因各种原因暂时回到居住地居住一段时间的人员，未能做到不等不靠，及时跟进对其进行易被诈骗风险评估，未将其纳入"伍什反诈"易被诈骗风险组进行管理，而出现视而不见放任自流的现象。

三是由于基层的工资待遇较低，一些工作岗位对人员的吸引力不够，工作积极性不高的现象一直是长期困扰基层的问题，不同程度地影响了"伍什反诈"试点工作的效果。因此，在保持"伍什反诈"工作人员及各级组长的工作积极性方面，特别是在奖励激励方面还需要各级党委、政府加以重视。

伍什反诈工作指南学习培训签到簿

姓名	单 位	手机号码
周旋	小洛庄 村委	13▓▓▓▓▓
刘鳞	小洛庄 村委	1▓▓▓▓▓
李红	小洛庄 村委	1▓▓▓▓▓
孟春美	小洛庄 村委	▓▓▓▓▓
刘常民	小洛庄 村委	1▓▓▓▓▓
厚晓文	小洛庄 村委	15▓▓▓▓▓
张成林	张家洼派出所	18▓▓▓▓▓

伍什反诈工作月讲评参会人员签到簿 2023.1.19

姓名	单 位	手机号码
周旋	小洛庄村委会	▓▓▓▓▓
崔俊莲	小洛庄	▓▓▓▓▓
李红	小洛庄	▓▓▓▓▓
王鳞	张家洼派出所	▓▓▓▓▓
陈娜	小洛庄	▓▓▓▓▓
孟春美	小洛庄	▓▓▓▓▓
刘常亮	小洛庄	▓▓▓▓▓
张成林	张家洼派出所	▓▓▓▓▓
刘常民	小洛庄	▓▓▓▓▓

伍什反诈工作月讲评参会人员签到簿

姓名	单位	手机号码
尚玉珍	小洛庄村委	
李红	小洛庄村委	
孟春美	小洛庄村委	
孟雪花	小洛庄村委	
孙明珍	小洛庄村委	
刘学义	小洛庄村委	
周旋	小洛庄村委	
刘鞾	小洛庄村委	
孙茂林	张家洼派出所	

"伍什反诈"季度工作小结参会人员签到簿

姓名	单位	手机号码
周旋	小洛庄	
颜世礼	小洛庄	
刘多君	小洛庄	
刘多冠	小洛庄	
尚玉珍	小洛庄	
陈娜	小洛庄	
崔俊莲	小洛庄	
李红	小洛庄	

"伍什反诈"试点工作考核验收启动会签到簿

姓名	单位	手机号码
张成林	张家港派出所	
尚玉珍	小洛庄	
李红	小洛庄	
魏玉群	小洛庄	
颜世永	小洛庄	
刘秀民	小洛庄	
郑文学	小洛庄	
冯雪娟	小洛庄	
范存	小洛庄	
崔俊建	、、	
李翠甫	小洛庄	

"伍什反诈"试点工作总结会签到簿

姓名	单位	手机号码
张成林	张家港派出所	
尚玉珍	小洛庄	
李红	小洛庄	
魏玉群	小洛庄	
颜世永	小洛庄	
刘秀民	小洛庄	
郑文学	小洛庄	
冯雪娟	小洛庄	
范存	小洛庄	
崔俊建	、、	
李翠甫	小洛庄	

附件：山东警察学院亓伟伟副教授 关于"伍什反诈"的反馈意见

亓伟伟　副教授，山东警察学院治安学院治安学教研室主任

一、值得肯定的方面

一是，刁玉锋同志通过总结反思自己日常反诈工作经验，以及持续关注学习的与反诈相关的知识，把经验做法和所思所想结集成册，这一点非常值得肯定！也非常令人敬佩！

二是，从易受骗人入手进行精准防控的做法值得肯定。从犯罪学的相关理论看，犯罪人、犯罪地点和被害人都有相对集中的特点。从电诈被害人角度看，确实有一些人更容易被骗。所以和传统的不分防控对象实际情况、胡子眉毛一把抓的防范宣传相比，刁玉锋同志这种有组织，有目标，有任务的精准防控非常值得一试。有学过经济学的同事反馈："这种风险分级管理，类似银行贷款风险评估，可以作为一种预防诈骗的方法，思路值得肯定。"

三是，反诈手册内容非常详细，特别是其中研究易被诈骗人的筛选及后期对其防诈培训等内容有很强的可操作性，实施流程比较完整，措施详细具体，可操作性强，便于推广。

二、可能存在的主要问题

一是，该方法思路很好，但上升到组织领导、资金保障、考核验收可能工作量比较大，同时还需要党政各部门、辖区各单位全体总动员、群众参与，

在具体动员组织落实方面可能会有一定困难。

二是，需要各小组组长认真负责，切实贯彻落实相关工作要求，反诈的具体工作要求也比较多，并且需要填写一些表格，可能会影响其工作的积极性。

三是，需要易受骗对象的积极主动配合，从填写风险评估表格，到配合落实"三查三问"等工作，是否能获取真实情况，是否能对其防范和劝阻到位，都需要其能充分信任和配合相关工作人员。

三、一点建议和意见

一是，建议可以在小范围内继续试点，总结经验，特别是进一步优化人员易被诈骗风险综合评估表中项目的设定和赋分标准。通过进一步小范围试评估，看评估结果是否有区分度，是否与真实情况一致。或者让更多已经被骗的人参与测评，看分数如何。然后修改调整测评表内容。也可请专业人士帮忙修正，包括评估项目中每项内容如何表述更能让被测评者理解，更愿意将自己的真实想法表露出来。

二是，建议利用信息化手段简化小组工作方式，比如用视频或者录音方式记录平时工作内容，免除表格制作的辛苦。或者开发检查记录 App 小程序，用在线勾选的方式完成日常工作任务，也便于管理反馈和信息分析统计。

三是，如果要把该经验印刷出版，建议以第二部分为主，将内容再精简一下，语言表达上再简明、突出重点一些。

四是，在"奖励激励实施细则"制订方面，奖惩分明的同时注意内容不要违反相关法律的规定。